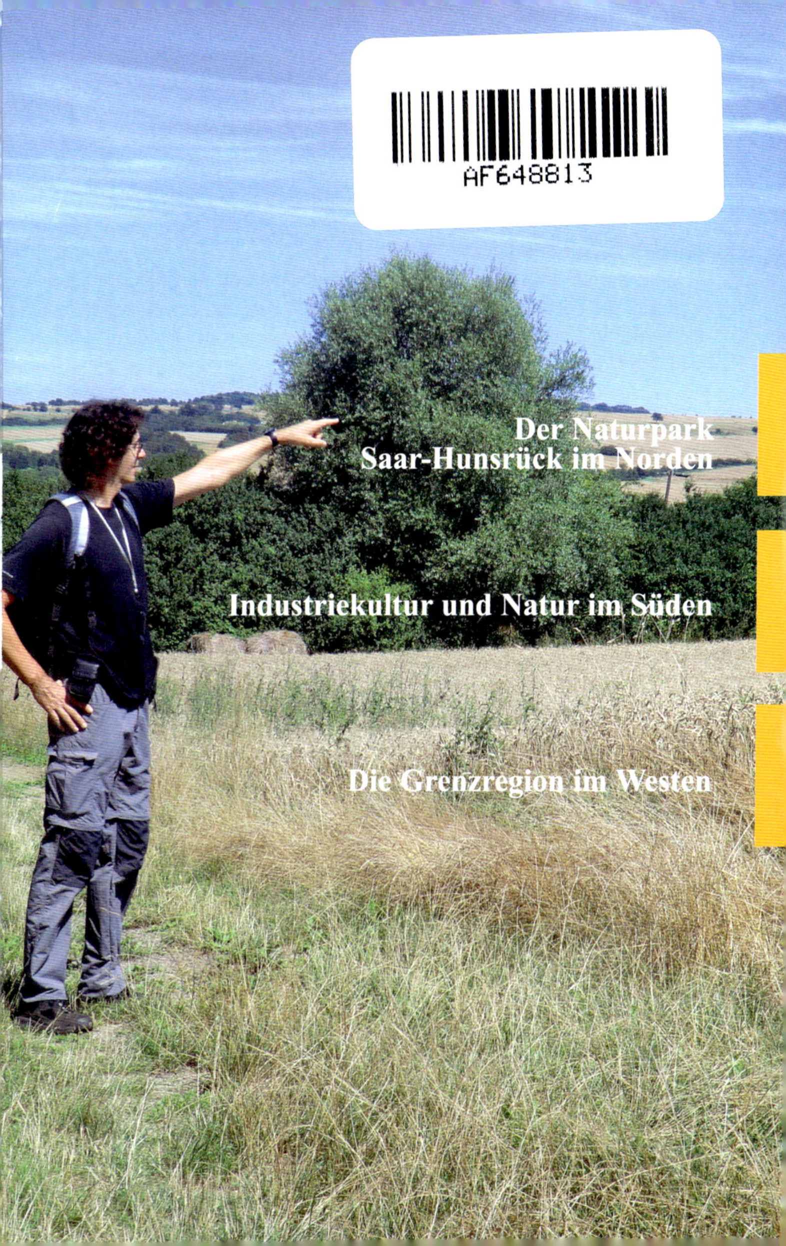
Der Naturpark
Saar-Hunsrück im Norden
Industriekultur und Natur im Süden
Die Grenzregion im Westen

Saarland

Der Autor und der Verlag sind für Lesertipps und Verbesserungen (besonders per E-Mail) unter Angabe der Auflagen- und Seitennummer dankbar.

Dieses OutdoorHandbuch hat 158 Seiten mit 80 farbigen Abbildungen, 22 farbigen Kartenskizzen im Maßstab 1:25.000/50.000 sowie 18 farbigen Höhenprofilen und einer farbigen, ausklappbaren Übersichtskarte. Es wurde auf chlorfrei gebleichtem Papier gedruckt, in Deutschland klimaneutral hergestellt und transportiert und wegen der größeren Strapazierfähigkeit mit PUR-Kleber gebunden.

ClimatePartner
klimaneutral

Druck | ID 10951-1802-1005

Dieses Buch ist im Buchhandel und in Outdoor-Läden erhältlich und kann im Internet oder direkt beim Verlag bestellt werden.

OutdoorHandbuch aus der Reihe „Regional", Band 409

ISBN 978-3-86686-539-6 1. Auflage 2018

Text und Fotos: Thomas Darimont
Lektorat: Amrei Risse
Karten und Layout: Manuela Dastig

Gesamtherstellung: gutenberg beuys feindruckerei

Dieses OutdoorHandbuch wurde konzipiert und redaktionell erstellt vom:

Conrad Stein Verlag GmbH, Kiefernstr. 6, 59514 Welver,
☏ 023 84/96 39 12, FAX 023 84/96 39 13,
info@conrad-stein-verlag.de,
www.conrad-stein-verlag.de

Besuchen Sie uns bei Facebook & Instagram:

www.facebook.com/outdoorverlag

www.instagram.com/outdoorverlag

Titelfoto: Weite Aussichten über die Saarschleife (Tour 2)

Inhalt

Saarland

Wer an das Saarland denkt, hat oftmals ein altes Klischee vor Augen: das schmutzige Kohlerevier am Rande der Republik. Das war einmal. Der intensive Kohleabbau ist schon lange passé, die stillgelegte Völklinger Hütte ist mittlerweile Weltkulturerbe und das beschauliche Bundesland liegt inzwischen im Herzen des neuen Europas. Hinzu kommt, dass das Saarland mit einem Drittel bewaldeter Fläche zu den waldreichsten Bundesländern der Republik zählt. Und beim Schutz seiner Wälder steht das Saarland laut Greenpeace im Bundesvergleich ganz oben. Also Natur pur!

Auf Ihren Wanderungen werden Sie auch die offenen und unkomplizierten Menschen des kleinsten deutschen Flächenbundeslandes kennenlernen. Die Saarländer zeichnen sich durch ein ausgeprägtes Wir-Gefühl aus. Das liegt nicht nur daran, dass die knapp eine Million Einwohner mehrere eigene Rundfunksender und eine eigene Tageszeitung besitzt, die zusammen ihr Heimatgefühl kräftig bedienen. Vor allem die gemeinsame kurze, aber bewegte Geschichte hat das gemütliche Völkchen zusammengeschweißt.

Der Rückblick beginnt nicht mit Ruhm und Ehre: Der Erste Weltkrieg ist verloren und der Versailler Vertrag unterstellt im Jahre 1920 das sogenannte Saargebiet dem Völkerbund. Die Kohlegruben werden Frankreich als Entschädigung zugesprochen. In der ersten Volksabstimmung von 1935 stimmen die Saarländer dann mit überwältigender Mehrheit für das „Heim ins Reich". Nach den Wirren des Zweiten Weltkrieges wird das Saarland Frankreich unterstellt, erhält aber bereits 1947 eine begrenzte Eigenständigkeit. Der Europagedanke greift um sich und es entwickeln sich Ideen, das Saarland zu europäisieren und zum Standpunkt der zentralen europäischen Institutionen zu machen. Überraschend entscheiden sich aber in der zweiten Volksabstimmung 1955 zwei Drittel der Saarländer gegen dieses Saarstatut. Als Folge wird das Saarland dann im Jahr 1957 „politisch rückgegliedert". Das kleinste Bundesland der Bundesrepublik Deutschland ist geboren. Glücklicherweise schadet diese Entscheidung nicht dem europäischen Geist. Im Laufe der jüngeren Geschichte entwickelt sich zudem auch eine tiefe Verbundenheit zwischen dem Saarland und Frankreich.

Ein frankophiler Einschlag ist daher nicht zu leugnen. Der französischen Sprache werden Sie vor allem in den grenznahen Regionen immer wieder begegnen. Die französische Küche ist ebenfalls allgegenwärtig. Die Dichte an Sterneköchen soll die höchste der Republik sein. Aber auch die deftige Bergmannskost werden

Sie auf Ihren Wanderungen genießen können: Dibbelabbes, Hoorische und die berühmte Lyoner (für Nichtsaarländer: Kartoffelauflauf, Kartoffelklöße und Fleischwurst). Alles lecker und gehaltvoll. Sein Verhältnis zum Essen kommentiert der Saarländer daher auch mit Humor: „Hauptsach' gudd gess – geschafft hann mir schnell!" Eine gesunde Balance zwischen Vergnügen und Arbeit!

Das Saarland hat sich in den letzten Jahren zu einem Eldorado für Wanderer entwickelt. Es besitzt das „mit Abstand beste Wanderwegenetz in Deutschland". Zu diesem Ergebnis kommt kein Geringerer als der Vater der Premiumwanderwege und Begründer des Deutschen Wanderinstitutes Dr. Rainer Brämer. Aus diesem exzellenten Angebot möchte ich Ihnen eine Auswahl der interessantesten Wanderungen vorstellen.

Im kleinsten Flächenbundesland liegen unterschiedliche Landschaften auf engstem Raum beieinander. Das macht das Wandern besonders abwechslungsreich. Fast das gesamte nördliche Saarland gehört zum Naturpark Saar-Hunsrück. Hier finden Sie inmitten einer Landschaft aus ausgedehnten Wäldern, artenreichen Wiesen und charakteristischen Felsformationen die am höchsten prämierten

Ertappt!

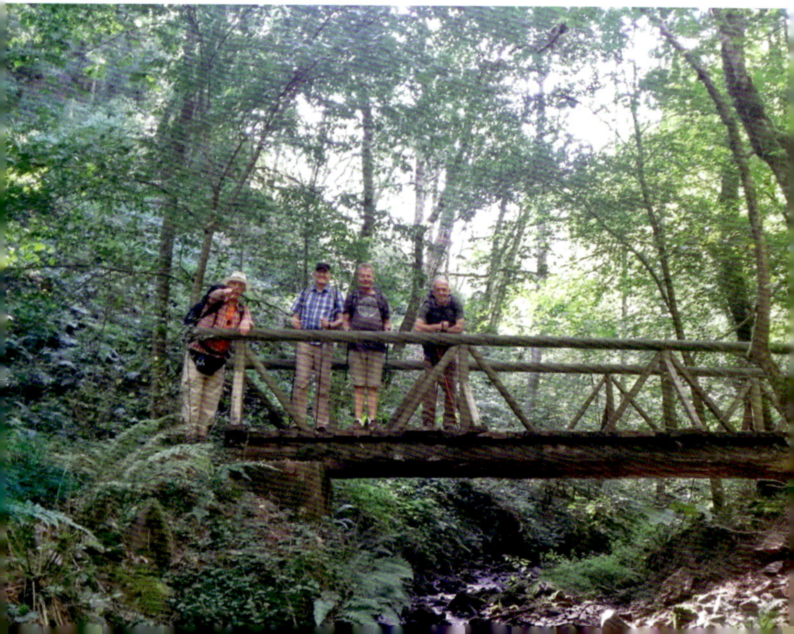

Wanderwege Deutschlands. Der Süden ist geprägt durch den ehemaligen Kohlebergbau. Auf verwunschenen Pfaden, die z. T. einst schon die Kumpel benutzten, führe ich Sie zu den interessantesten Stätten der saarländischen Industriekultur. Aber auch in dem südlichen Bliesgau mit seinen ausgedehnten, hügeligen Streuobstwiesen kommt die Natur nicht zu kurz. Im Westen grenzt der Saargau an das französische Lothringen. Lassen Sie sich zu Grenzverletzungen hinreißen und erfahren Sie in dieser Kulturlandschaft einen Hauch von Savoir-vivre.

Anhand der ausgewählten Wandervorschläge möchte ich Sie zu den spannendsten Highlights der Region entführen. Mit dem Schaumberg werden Sie den höchsten Berg des Saarlandes erklimmen und von der Clöef und dem Saarpolygon die spektakulärsten Aussichten genießen. Sie werden hinabsteigen in die tiefsten Schluchten des Naturparks und in eine abenteuerliche französische Sandgrube. Die weiten lothringischen Orchideenwiesen werden Sie ebenso genießen wie den sich selbst überlassenen Urwald des ehemaligen Kohlereviers. Das französische Château de Malbrouck wird Sie genauso begeistern wie die ehemaligen Villen der saarländischen Bergbaudirektoren. Sie werden die beruhigenden Wasserflächen der saarländischen und lothringischen Flüsse und Seen auf sich wirken lassen. Richtig spannend wird es dann, wenn Sie im Saarkohlewald einen brennenden Berg inspizieren.

Und nach dem Wandern warten noch reizvolle Sehenswürdigkeiten auf Sie. Besuchen Sie doch einmal das Weltkulturerbe Völklinger Hütte und besteigen Sie dabei die ehemaligen Hochofenanlagen. In der Saarlandtherme in Rilchingen erwartet Sie eine römische Sauna- und Badelandschaft zum Entspannen. In den quirligen Altstädten von Saarbrücken und Saarlouis können Sie Ihre Wandertage entspannt ausklingen lassen und dabei einen Hauch Europa in der Saar-Lor-Lux-Region erleben.

Ich bin überzeugt, dass ich Sie mit den besten Wanderungen im Saarland begeistern werde. Kommen Sie mit zu den schönsten Rundtouren in den interessantesten Regionen des kleinsten Flächenbundeslandes im Herzen Europas.

Ihr Thomas Darimont

Reise-Infos

Anreise

Das Saarland grenzt im Westen an Luxemburg und Frankreich. Das Einzugsgebiet für einen Kurzurlaub (ca. 200 km) umfasst damit neben den deutschen Großregionen Ruhrgebiet, Rhein-Main-Gebiet und Großraum Stuttgart auch Luxemburg, Südbelgien und Ostfrankreich.

Ein gut ausgebautes Netz von Autobahnen und Landstraßen verbindet das Saarland mit seinen Nachbarländern und den deutschen Großregionen. Lediglich die Autobahnen in Frankreich sind mautpflichtig.

Mit der Bahn erreichen Sie das Saarland über die Hauptstrecken Koblenz–Trier–Saarbrücken, Mannheim–Saarbrücken oder Paris–Saarbrücken.

Standort und Unterkünfte

Für eine zentral gelegene Unterkunft bieten sich die größte saarländische Stadt Saarbrücken und die „heimliche Landeshauptstadt" Saarlouis an. Wie im übrigen Land werden Sie hier Hotels und Pensionen für alle Bedürfnisse finden.

Die großen Campingplätze und die Wohnmobilstellplätze sind ganzjährig geöffnet.

Die saarländischen Jugendherbergen verteilen sich über das ganze Wanderland und sind mittlerweile recht komfortabel.

Ein aussagekräftiges Portal für alle Unterkunftsarten stellt die Tourismuszentrale Saarland dar: www.urlaub.saarland.

Verkehrsmittel

Mit dem dichten Bahn- und Busnetz des Saarländischen Verkehrsverbundes erreichen Sie die Start-/Zielpunkte fast aller Wanderungen. Darüber hinaus ist die Landeshauptstadt Saarbrücken über ein Straßenbahnnetz mit den Nachbarkreisen und dem französischen Saargemünd verbunden.

Der Saarländische Verkehrsverbund bietet Informationen zu allen Nahverkehrsverbindungen im Saarland.

♦ ☏ 068 98/500 40 00, 💻 www.saarvv.de, ✉ service@saarvv.de

☺ Mit der Saarland Card haben Sie freien Eintritt zu vielen Ausflugszielen und fahren umsonst im ÖPNV.

💻 www.urlaub.saarland/Reisefuehrer/Saarland-Card

Wanderinfrastruktur

Das Saarland besitzt eines der dichtesten Wanderwegenetze der Republik. Hervorzuheben sind die vom Deutschen Wanderinstitut zertifizierten Premiumwanderwege.

Einen Überblick finden Sie auf der Homepage der Tourismuszentrale des Saarlandes: 💻 www.urlaub.saarland.

Wandern mit Kindern und Buggys

Ihre Kinder werden auf allen Wanderrouten ihren Spaß haben. Einen speziellen Erlebnischarakter für Ihre Sprösslinge bieten die Touren Nr. 4, 5, 6 und 20. Eventuelle Einschränkungen, insbesondere für kleinere Kinder, sind in den Einleitungen der einzelnen Wanderbeschreibungen vermerkt.

Wenn Sie Ihre Kleinsten im Buggy schieben möchten, empfehle ich Ihnen insbesondere die Touren Nr. 4, 5, 12, 19 und 20. Auf folgenden Wanderungen können Sie zumindest eine (beschriebene) Teilstrecke mit dem Kinderwagen gehen: Nr. 6, 8, 9, 10,11, 13, 14, 16, 18, 21 und 22.

Wandern mit Hund

Auf allen Wanderungen kann Sie Ihr Hund begleiten. Auf Trinkmöglichkeiten am Rande der Strecken wird im Text jeweils hingewiesen.

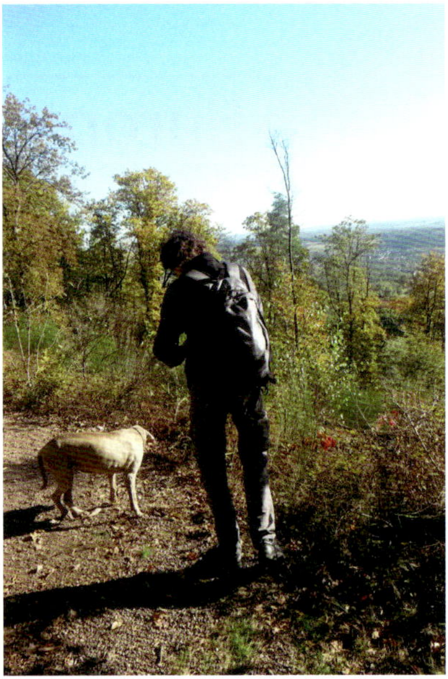

Als verantwortungsbewusster Hundebesitzer achten Sie natürlich darauf, dass andere Wanderer durch Ihren Hund nicht negativ beeinträchtigt werden (§25 Abs. 5 des Saarländischen Waldgesetzes). An die Leine muss Ihr Hund nach dem neuen saarländischen Jagdgesetz (§33 Abs.2) in der Schonzeit von März bis Juni.

Auf die Leine verzichten können Sie in dieser Zeit nur, wenn Sie zu den wenigen Haltern von besonders gut trainierten Hunden gehören, die zuverlässig die Wege nicht verlassen. Dieser faktische Leinenzwang gilt für den gleichen Zeitraum übrigens auch für Ihre Wanderungen im französischen Lothringen.

Karten und GPS

Wenn Sie sich mit einem Maßstab von 1:50.000 zufriedengeben, empfehle ich Ihnen die offizielle Wanderkarte des Saarwald-Vereins. Sie ist für € 10 als Kompass-Karte Nr. 825 im Buchhandel erhältlich und deckt das ganze Saarland ab.

Einen besseren Maßstab besitzen die „Topographischen Karten 1.25:000" (TK25) des saarländischen Landesvermessungsamtes. Diese erhalten Sie im Buchhandel oder direkt beim Online-Shop des Vermessungsamtes (www.shop.lvgl.saarland.de). Für die beschriebenen Wanderregionen benötigen Sie dann folgende Blätter:

- ▷ Region Norden: 6404, 6405, 6406, 6408, 6506, 6508
- ▷ Region Süden: 6506, 6606, 6707, 6708, 6709
- ▷ Grenzregion: 6504, 6605, 6706, 6806, 6808

☺ Für die Planung am PC (mit der Möglichkeit, die Karten auszudrucken) empfehle ich Ihnen das bekannte Wanderportal www.outdooractive.com.

Die GPS-Tracks zu den in diesem Führer beschrieben Touren können Sie auf der Internetseite des Verlages herunterladen: www.conrad-stein-verlag.de.

☺ Das Portal www.urlaub.saarland/reisethemen der Tourismus Zentrale Saarland bietet eine große Auswahl von GPS-Tracks zu Wanderungen, Mountainbike- und Fahrradtouren im ganzen Saarland.

Updates

Der Conrad Stein Verlag veröffentlicht Updates zu diesem Wanderführer, die direkt vom Autor oder von Lesern des Buches stammen. Sie finden diese auf der Verlagshomepage www.conrad-stein-verlag.de.

Der rechts abgebildete QR-Code führt Sie direkt dorthin.

☺ Einige der in diesem Führer beschriebenen Wanderwege laufen durch mehr oder weniger flaches Gelände ohne nennenswerte Höhenunterschiede. In diesen Fällen wurde auf die Darstellung eines Höhenprofils verzichtet.

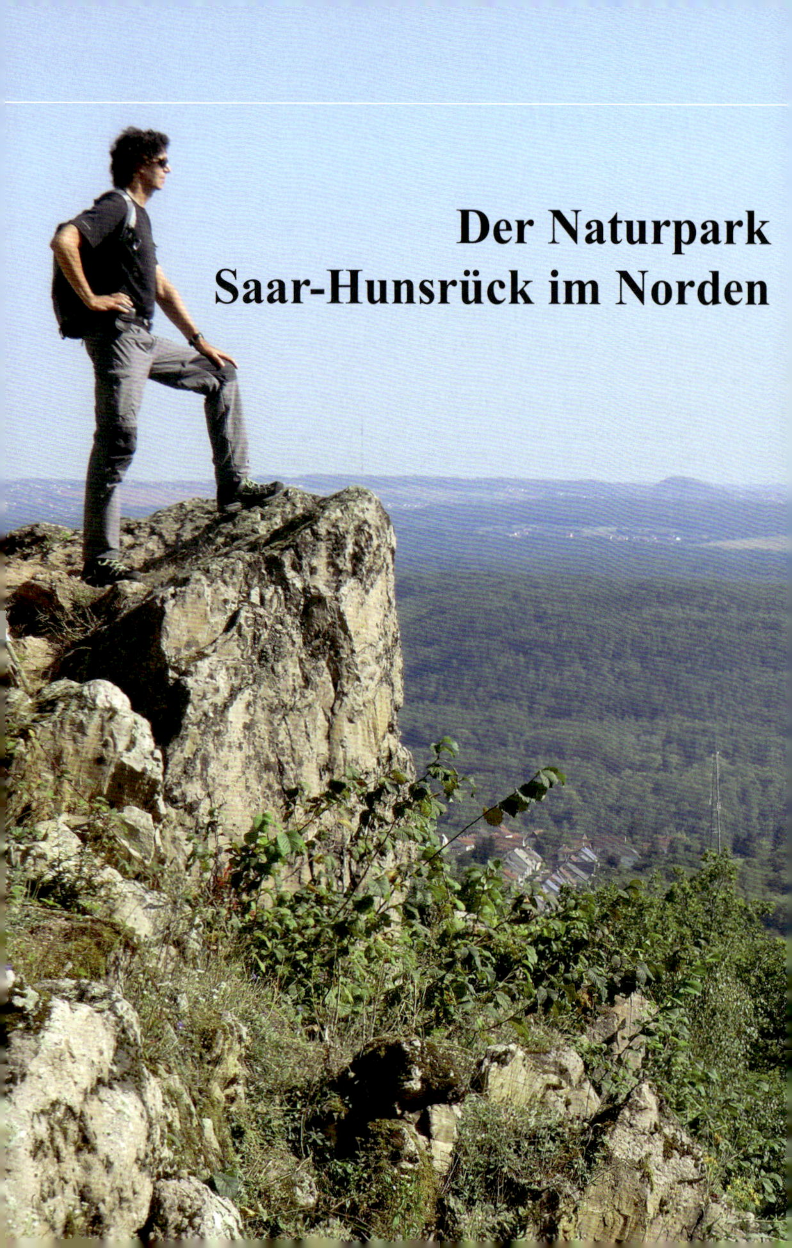

Der Naturpark Saar-Hunsrück im Norden

1 Villa Borg Trail

Tour für Liebhaber von Natur und römischer Kultur

Diese kurze und fast flache Rundtour liegt im im Dreiländereck SaarLorLux. Abwechslungsreich werden Sie sowohl über schmale Trails durch verwunschene Wälder als auch über breite Wirtschaftswege mit weiten Aussichten geführt. Dabei können Sie über die Hügellandschaften bis hinein nach Frankreich blicken. Höhepunkt ist sicherlich die Besichtigung der römischen Villa Borg.

Start/Ziel: großer Parkplatz des Archäologieparks der römischen Villa Borg in 66706 Perl-Borg, Im Meeswald 1, am Ende des geteerten Feldweges, GPS N 49°29.840' E 006°27.521'

6 km

1 Std. 30 Min.

33 m/33 m

353-386 m

durchgängig und gut durch das lilafarbene Weglogo „Traumschleifen Saar-Hunsrück Villa Borg Trail" gekennzeichnet

schmale Pfade und breite Wirtschaftswege

In der römischen Villa Borg nahe dem Start/Ziel befindet sich stilecht eine Taverne.

Auf der kurzen Rundtour sind ausreichend Rastbänke vorhanden.

Für Kinder sind insbesondere die schmalen Waldpfade spannend. Ein Besuch der römischen Villa am Ende der Tour ist natürlich auch ein Highlight. Vorsicht bei den beiden Straßenüberquerungen bei km 2 und 4,4!

Die Tour ist für Buggys nicht geeignet. Wenn Sie aber einen Besuch der römischen Villa mit einem Kinderwagenspaziergang verbinden möchten, schlage ich Ihnen als Startpunkt den vorgelagerten Parkplatz Im Meeswald hinter der Ortschaft Perl-Borg vor (GPS N 49°30.129' E 006°27.219'). Von hier aus schieben Sie Ihre Kleinen in südöstlicher Richtung 1 km auf geteertem Feldweg bis zur Villa.

Für die kurze Tour reichen die Wasserstellen an der jungen Leuk und am Waldweiher aus. Nehmen Sie Ihren Vierbeiner aber rechtzeitig vor den beiden Straßenüberquerungen bei km 2 und 4,4 an die kurze Leine. Darüber hinaus weist Sie ein Schild im Bereich der Leukwiesen darauf hin, dass Sie Ihren Hund mit Rücksicht auf die Weidetiere anleinen sollen. Auch in der Villa Borg ist Ihr Hund in den Außenanlagen an der Leine zu führen. In den Gebäuden sind Hunde nicht erlaubt.

P kostenloser Parkplatz am Start/Ziel

Ab „Nennig Bahnhof“ fahren Sie mit dem Bus Nr. 210 bis „Borg Ortsmitte“. Von dort laufen Sie über die Kapellenstraße und die Bornstraße zur Ringstraße. Im Kreisverkehr verlassen Sie die Ortschaft rechts Richtung Wald. Nach 400 m treffen Sie auf den Villa Borg Trail (km 1), in den Sie nach rechts einbiegen. Busse verkehren ca. alle 2 Std.

Sie verlassen den Parkplatz des Archäologieparks in nördlicher Richtung, umrunden eine Ausgrabungsstätte und stehen nach wenigen Metern vor dem imposanten Eingang der ⌘ **Villa Borg ❶**.

Die Villa Borg

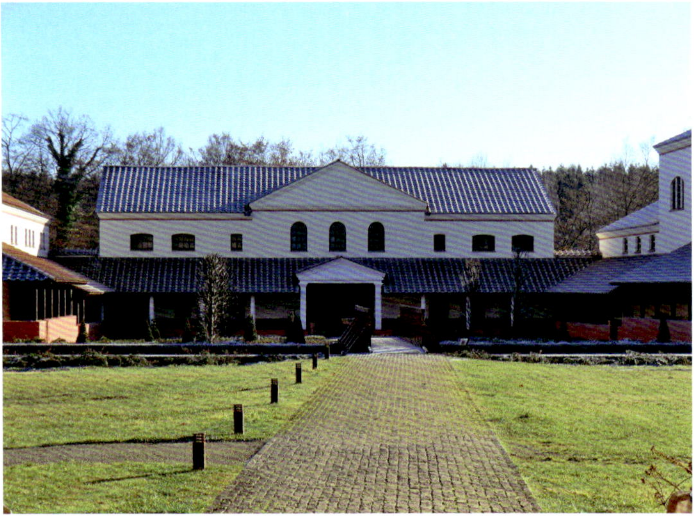

⌘ Der Archäologiepark Villa Borg ist ein Freilichtmuseum mit Gebäuden und Gärten. Er stellt eine römische Besiedlung aus dem 1. Jh. n. Chr. dar, die einst an der ehemaligen römischen Fernstraße von Metz nach Trier lag. Nach einer ca. 10-jährigen ersten Ausgrabungszeit wurden die Gebäude rekonstruiert und im Jahr 1999 der Öffentlichkeit zugänglich gemacht. Als Besucher erleben Sie eine Zeitreise in die Welt der privilegierten alten Römer. ☺ Anfang August finden im Archäologiepark immer die Römertage mit „echten" Legionären, Gladiatoren, Händlern und Handwerkern statt.

♦ ☏ 068 65/91 17-0, info@villa-borg.de, www.villa-borg.de, Di-So 11:00-16:00 (Febr., März und Nov.) bzw. 10:00-18:00 (April-Okt.), Dez. und Jan. geschlossen

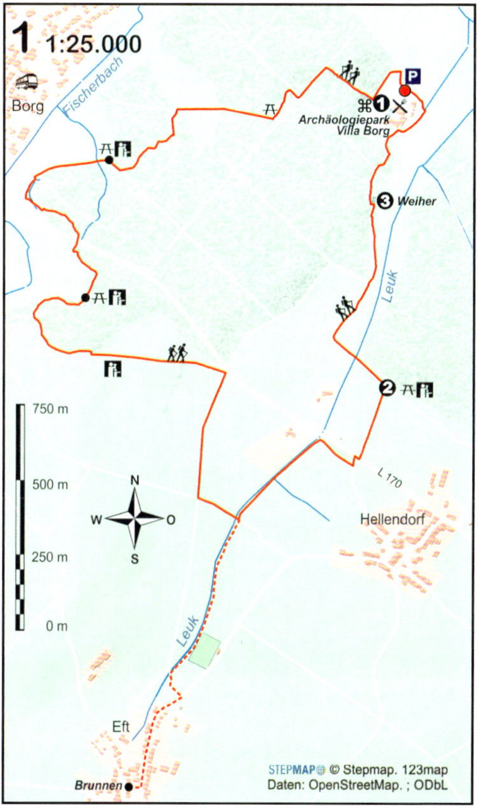

Vom Eingang der Villa tauchen Sie in nordwestlicher Richtung direkt in einen schmalen Waldpfad ein. Laub- und Nadelwald wechseln sich ab, mal wandern Sie auf schmalem Pfad, mal auf breitem Waldweg. Vor einer Ruhebank bei km 1,4 öffnet sich der Wald und die Landschaft breitet sich vor Ihnen aus: das ländliche Dörfchen Borg mit seiner kleinen Kirche und rechts daneben am Horizont zwei hohe Windräder. Entlang des Waldrandes genießen Sie dieses Panorama die nächsten 300 m, bevor Sie dann über ein kleines Brückchen auf schmalem Trail wieder im Wald verschwinden. Nach der Durchquerung einer kleinen Schlucht passieren Sie bei km 2 die gut einsehbare Landstraße (✋). Im dichten Laubwald überwinden Sie einen kleinen Wassergraben und können bei km 2,2 am Waldrand auf einer Bank wieder die schöne Aussicht auf Borg genießen. Nun geht es erstmals leicht bergauf, bis Sie bei km 2,8 den Wald verlassen.

Vor Ihnen liegen weite Felder, Wiesen und Weiden. Nach wenigen Metern haben Sie den höchsten Punkt einer kleinen Landschaftskuppe erreicht. Nun haben Sie einen herrlichen 180-Grad-Blick: Im Osten schauen Sie auf einen Windpark und davor auf das Dörfchen Hellendorf, das in einer Mulde eingebettet liegt. Richtung Süden sehen Sie den Weiler Eft. Die dahinterliegende Landschaft gehört schon zu Frankreich. Im Südwesten können Sie die Mosel zwar nicht sehen, die Kühlwasserschwaden des dort angesiedelten französischen Kernkraftwerkes Cattenom sind aber deutlich zu erkennen. Auf breitem Wirtschaftsweg genießen Sie dieses Panorama die nächsten Kilometer.

Bei km 3,8 überschreiten Sie einen unscheinbaren Wassergraben, die noch junge Leuk.

Die Leuk entspringt nicht weit von hier entfernt in einem imposanten Brunnen in Eft. Für einen lohnenswerten Abstecher zu dieser Quelle folgen Sie einfach ca. 500 m dem Bach aufwärts nach Eft. Die Leuk selbst ist nur 15 km lang. Dann fließt sie bei Saarburg schon in die Saar. ☺ Hier möchte ich Ihnen ein touristisches Highlight empfehlen: Am Marktplatz in der sehenswerten Altstadt von Saarburg stürzt sich der Bach mit lautem Getöse 18 m in die Tiefe.

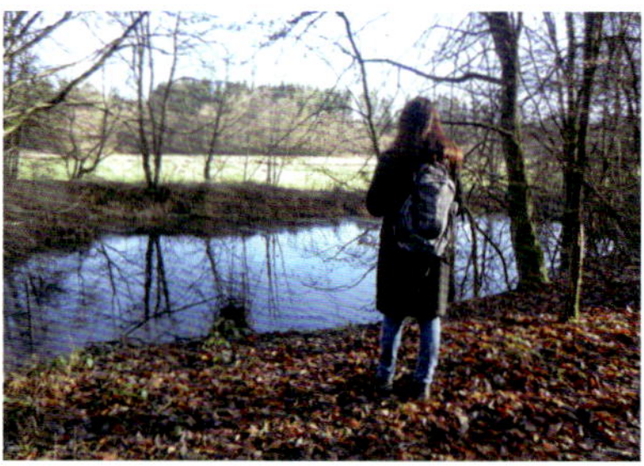

Am idyllischen Waldweiher

Nach der Überquerung der Landstraße bei km 4,4 geht es zum Waldrand mit einer schönen Panoramabank ❷. Anschließend genießen Sie das flache Leukbachtal mit seinen Auenwiesen, bis Sie am Waldrand auf einen idyllischen Weiher ❸ treffen (km 5,4). Nach einem kurzen Waldstück tun sich vor Ihnen hinter hohen Mauern urplötzlich die ausgedehnten Anlagen der ⌘ Villa Borg auf. Diese umrunden Sie kurz und finden sich dann auf dem Parkplatz wieder, dem Ausgangspunkt dieser kurzen Rundtour. Hier bietet sich eine Schlussrast an:

Innerhalb des Archäologieparks befindet sich eine römische Taverne. Die Speisekarte bietet Ihnen regionale Küche und ausgesuchte römische Speisen.
☏ 068 65/91 17 12, www.taverne-borg.de, wie der Archäologiepark, zusätzlich im Dez. So 11:00-16:00

❷ Cloef-Pfad

Tour für Liebhaber von strammen Anstiegen und weiten Aussichten

Nach einem fast alpinen Steig werden Sie mit einer tollen Aussicht auf das Wahrzeichen des Saarlandes belohnt: die Saarschleife. Auf dem Hochplateau hinter dem Aussichtspunkt Cloef können Sie wunderbar einkehren. Der Abstieg führt durch eines der schönsten Täler des Saarlandes.

Start/Ziel: Parkplatz in Steinbach in der Saarschleife vor dem letzten allein stehenden Haus, GPS N 49°29.821' E 006°32.755'

8,1 km

3 Std.

280 m/280 m

167-400 m

durchgängig gut durch das lilafarbene Weglogo „Traumschleifen Saar-Hunsrück Cloef-Pfad" gekennzeichnet

schmale, z. T. sehr steile Pfade und breite Waldwege, im Abstieg stellenweise rutschig

mehrere Einkehrmöglichkeiten am Anfang, am Ende und in der Mitte der Tour

zahlreiche Ruhebänke und Picknickstellen

WC öffentliche Toilette am Restaurant Blumenfels (km 3,3)

Der Aussichtspunkt Cloef, die beiden langen Rutschen bei der Einkehr Blumenfels und der Baumwipfelpfad sind Anreize genug, Ihre Kinder für den Aufstieg zu motivieren.

Die Tour ist für Buggys allein wegen des pfadförmigen Aufstiegs nicht geeignet. Zu empfehlen ist allerdings ein Rundgang auf den gut befestigten Wegen der Hochebene mit Besuch des Aussichtspunktes Cloef und des Baumwipfelpfades, der barrierefrei ist und für Kinderwagen und Buggys ausdrücklich empfohlen wird. Parken Sie hierzu auf dem zentralen Cloef-Parkplatz, der über die Ortschaft Orscholz zu erreichen ist (GPS N 49°30.147´ E 006°32.325´).

Trinken kann Ihr Hund an der Saar, am Teich des Atriums, an einer Brunnenstelle und im Abstieg an zwei Bachläufen.

kostenloser Braschenparkplatz am Start/Ziel

Der Einstieg in die Wanderung in Steinbach ist mit öffentlichen Verkehrsmitteln nicht erreichbar. Sie können die Wanderung allerdings auch an der Cloef beginnen. Dorthin gelangen Sie vom Bahnhof Merzig aus mit dem Bus Nr. 207 bis zu den Haltestellen „Orscholz Cloef" oder „Orscholz Gesamtschule" in ca. 30 Min.

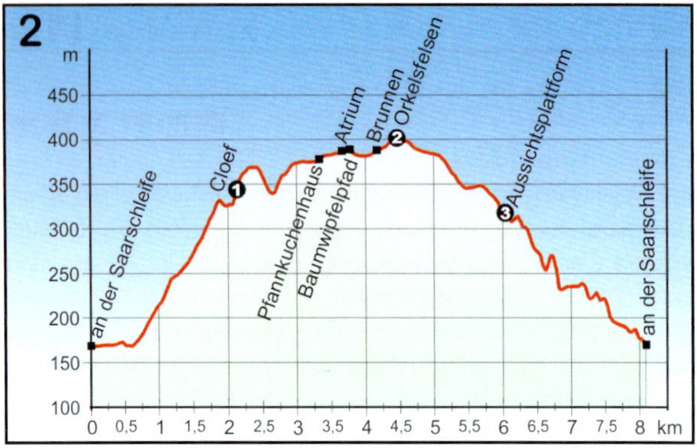

Die Wanderung beginnt in Steinbach in der Saarschleife. Wenn Sie aus dem Auto aussteigen, schweift Ihr Blick unweigerlich über die Saar und die mächtigen Höhenzüge, die sie begrenzen. Sehr schnell zieht Sie ein überdimensionales hölzernes Gebilde auf dem höchsten Punkt im Scheitel der Saarschleife in Ihren Bann. Es ist der Aussichtsturm des Baumwipfelpfades, der den unscheinbaren, aber historischen Aussichtspunkt Cloef mit über 40 m Höhe in den Schatten stellt. Die erst seit 2016 existierende Landmarke ruft bei Einheimischen und Touristen ein geteiltes Echo hervor. Aber bilden Sie sich selbst eine Meinung! Sie werden den Turm bald aus nächster Nähe bewerten können.

Jetzt aber los. Sie laufen in nordwestlicher Richtung an der Saar entlang und genießen die Ruhe, die dieser gestaute Fluss mit seinen steilen Hängen ausstrahlt. Schon bei km 0,7 verlassen Sie diese Idylle und biegen bei einer Ruhebank mit Aussicht auf die Saar links auf einen Pfad in den Lutwinuswald ab. Jetzt wird es steil und anstrengend. Trittsicher sollten Sie schon sein, wenn sich nun 180 Höhenmeter auf Serpentinen mit fünf Kehren verteilen. Zwei Ruhebänke dienen als „Rettungsanker“. Sie passieren massive Steinschlagzäune und überqueren Schuttfelder, die erkennen lassen, dass sie sich bei Unwettern bewegen – der steile Berg lebt eben. Als Ausgleich für die Plackerei lichtet sich ab und an die Vegetation und erlaubt wunderbare Blicke auf das Saartal.

Bei km 2 öffnet sich plötzlich der Wald. Der Blick auf die unter Ihnen liegende, malerische Saarschleife wird frei. Der Anblick nach rechts oben lässt Sie vielleicht kurz erschrecken: Unmittelbar über Ihnen prangt der gigantische höl-

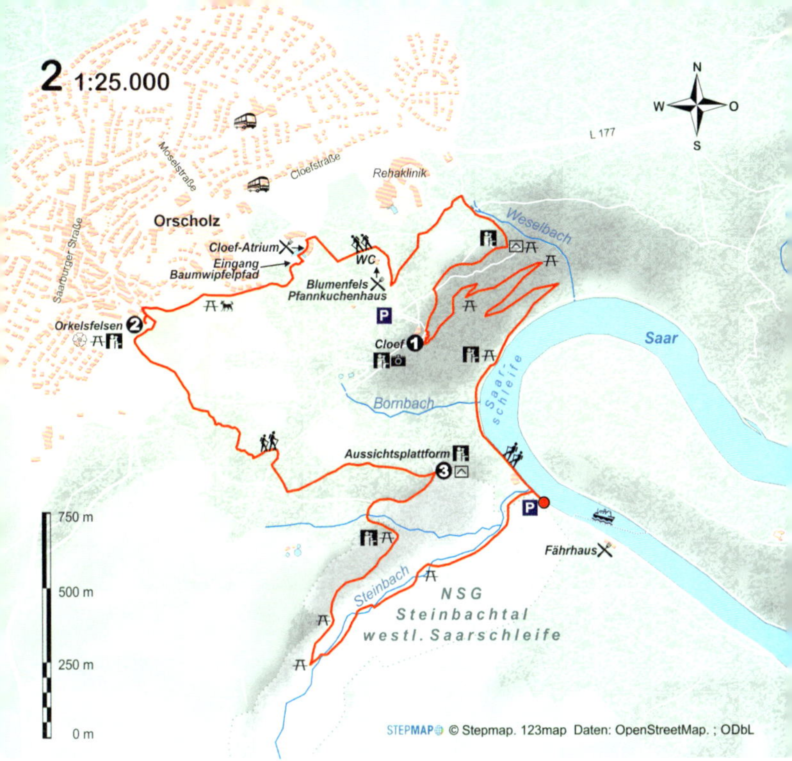

zerne Turm des Baumwipfelpfades, unter den sich die unscheinbare Aussichtsterrasse Cloef zu ducken scheint. Nur noch wenige Meter und Sie stehen selbst auf der Cloef ❶ und können das malerische Postkartenmotiv „Saarschleife“ mit Ihrer Kamera einfangen (☞ Seite 22).

Die Cloef ist eine Aussichtsterrasse mit Schutzhütte. Von hier aus haben Sie einen phänomenalen Ausblick auf das Wahrzeichen des Saarlandes, die Saarschleife. Die Saar kommt aus dem weiten Saartal bei Merzig-Besseringen, umrundet das harte Gestein des Saarbuckels und verschwindet anschließend in der beginnenden Mittelgebirgslandschaft des Hunsrücks bei Mettlach. Aus dieser Perspektive scheint sie entgegen der Schwerkraft in die Berge zu fließen.

Der Name Cloef geht vermutlich auf das lateinische *clevus* mit der Bedeutung „Abhang“ zurück.

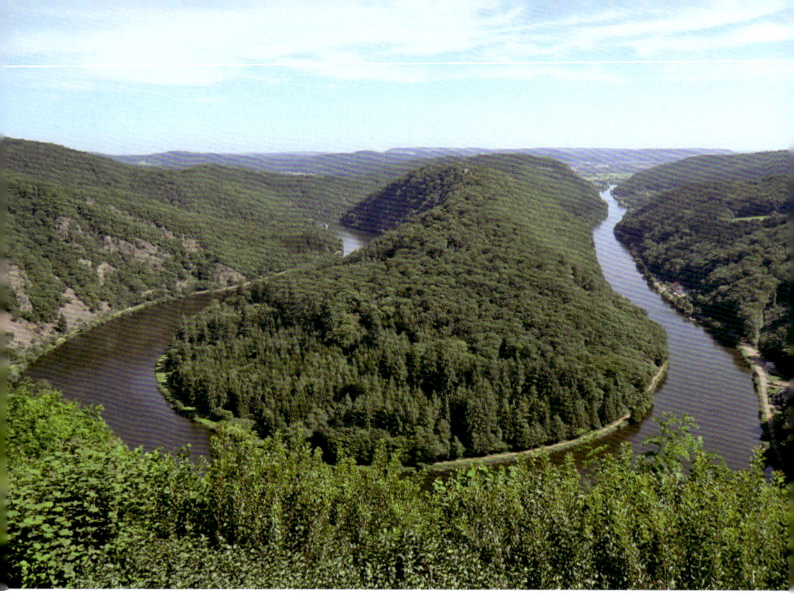

Die Saarschleife

Auch für Politiker und Staatsoberhäupter bietet die Cloef immer wieder ein beliebtes Fotomotiv. Erinnern Sie sich noch an den Händedruck der damals schon entzweiten Politiker Oskar Lafontaine und Gerhard Schröder? Im Wahlkampf 1997 präsentierten sie sich vor diesem malerischen Hintergrund der Weltpresse noch scheinheilig als beste Freunde.

Nachdem Sie die Aussicht ausgiebig genossen haben, verschwinden Sie der Markierung folgend neben der Cloef wieder im Wald. Bei km 2,6 erreichen Sie einen großzügigen ⛬ Picknickplatz mit einer ⌂ Schutzhütte. Hier steht Ihnen sogar ein bei den Saarländern überaus beliebtes Grillgerät zu Verfügung, der „Schwenker". Aber damit nicht genug: Sie haben zudem von diesem wenig bekannten Platz aus einen fast so schönen Ausblick auf die Saarschleife wie soeben von der Cloef.

Sie folgen der markierten Wegführung und achten bitte bei km 2,9 und km 3,9 auf die abrupten Richtungsänderungen. Wenn Sie mit Kindern unterwegs sind, entdecken diese bei km 3,3 dann sicher ganz erfreut zwei große metallene Rutschbahnen, die zu der etwas höher gelegenen ✕ Waldgaststätte Blumenfels gehören.

✗ Das Pfannkuchenhaus Blumenfels zeichnet sich durch einen hübschen Biergarten aus. Spezialität des Hauses sind süße und herzhafte Pfannkuchen. ☏ 068 65/186 94 20, 💻 www.pfannkuchenhausblumenfels.jimdo.com, 🚪 tägl. 11:00-22:00, Mi Ruhetag, 🐕 Hunde sind willkommen.

WC Vor dem Blockhaus befindet sich eine öffentliche Toilette.

Nur 400 m weiter erwartet Sie die nächste ✗ Einkehrmöglichkeit – das Cloef-Atrium.

✗ Das Cloef-Atrium integriert sich durch seine moderne, halbkreisförmige Architektur mit den Baumaterialien Holz und Glas besonders gut in die umliegende Waldlandschaft. Das Bauwerk beinhaltet Veranstaltungsräume, ein gehobenes Restaurant und ein Bistro mit Biergarten. ☏ 068 65/91 15-250, 💻 www.bistro-mirabell.de, 🚪 Bistro: tägl. 11:00-21:00, 👪 Kindermenü vorhanden, 🐕 Hunde willkommen

Das Atrium

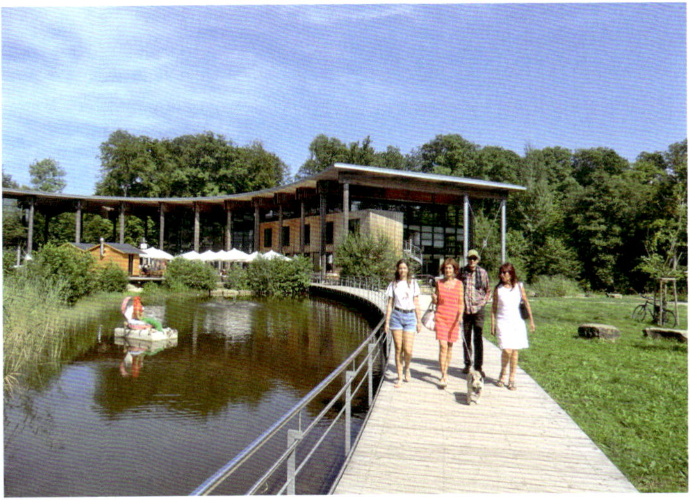

Unmittelbar hinter dem Atrium befindet sich der Eingang zum Baumwipfelpfad. Falls Ihnen der Turm über der Cloef gefallen hat, ist dies die Gelegenheit, ihn zu besteigen.

⌘ Der Baumwipfelpfad führt in bis zu 23 m Höhe durch die Baumwipfel bis zum Aussichtsturm über der Saarschleife. Der Turm selbst ist 42 m hoch und bietet einen Rundumblick. Pfad und Turm sind barrierefrei und somit auch mit Kinderwagen und Buggy zu befahren. Allerdings sollte Ihr Kind schon schwindelfrei sein. Ihrem Vierbeiner bleibt der Besuch des Baumwipfelpfades erspart – es herrscht Hundeverbot.

♦ www.baumwipfelpfad-saarschleife.de, täglich je nach Jahreszeit 9:00-15:30/18:00/19:00, aktuelle Eintrittspreise auf der Internetseite

Rechts neben dem Eingang zum Baumwipfelpfad tauchen Sie der Beschilderung folgend in einen jungen Birkenwald ein. Sie wandern durch lichte Wiesen und Weiden an den ersten Häusern der Ortschaft Orscholz vorbei und erreichen bei km 4,2 einen Picknickplatz. Für Ihren durstigen Hund finden Sie hier auch eine Handpumpe mit Brunnen. Der Weg führt Sie dann durch einen laubenartigen Pfad wieder zu einer Wohnbebauung.

Hinter einer schmalen Gasse weichen Sie rechter Hand über einige Stufen einmal kurz vom Weg ab (km 4,5). Nach wenigen Metern befinden Sie sich auf einem kleinen Hochplateau. Auf einer Bank können Sie nun die weite Aussicht über die soeben durchwanderte Landschaft bis hin zum Turm des Baumwipfelpfades genießen. Sie befinden sich auf dem **Orkelsfelsen ❷**.

Vom Orkelsfelsen wurde der Name der benachbarten Ortschaft Orscholz abgeleitet. Daher ist die Stätte auch mit einer Flagge des Ortes versehen. Die nur wenige Meter hohe Felsformation hatte schon einmal eine stattlichere Größe. Nach den beiden Weltkriegen wurde der Fels abgetragen, um die zerstörten Häuser von Orscholz wieder aufzubauen.

Zurück auf dem Wanderweg gelangen Sie durch eine offene Wiesenlandschaft in einen dunklen Nadelwald. In einem sich anschließenden jungen Eichenwald steigen Sie durch eine etwas zerklüftete Grabenlandschaft auf einem engen Pfad ab. Bei km 5,3 erreichen Sie wieder einen breiten Waldweg, der Sie zu einer kleinen **Aussichtsplattform ❸** mit Schutzhütte und Bank führt. Der Wald gibt hier den Blick auf das Ihnen bekannte Motiv der Saarschleife frei.

Auf breitem Weg geht es weiter bergab, vorbei an einigen ehemaligen, kleinen Steinbrüchen. Sie überqueren einen malerischen Bachlauf, den Sie einige Meter in die Tiefe begleiten. Vorbei an einem Aussichtspunkt mit Ruhebank

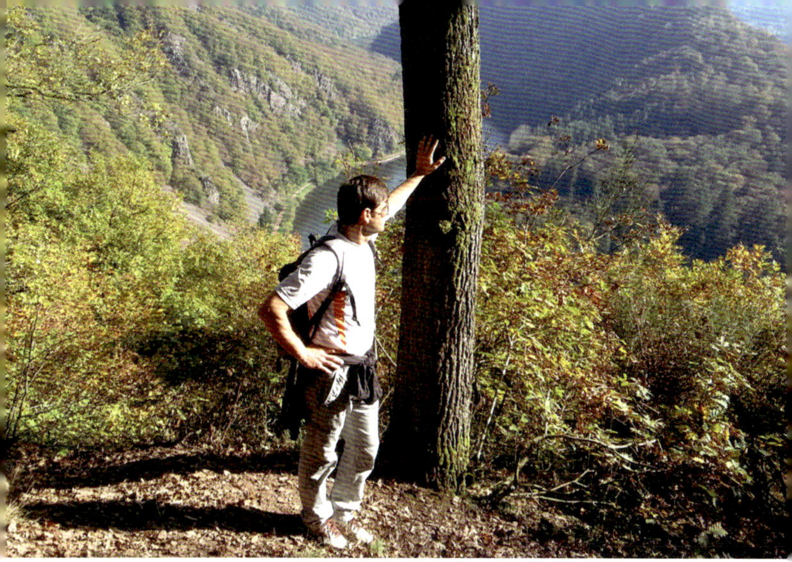

Weite Ausblicke

(km 6,5) steigen Sie weiter bergab in das Steinbachtal. Der Weg wird schmaler, der Wald stellenweise lichter. Auf der gegenüberliegenden Seite des Tales können Sie schroffe Felswände erkennen – die geologische Verlängerung des harten Buckels der Saarschleife. Über zwei Treppenabschnitte erreichen Sie sodann die Talsohle und überqueren den Steinbach über eine malerische Holzbrücke. Sie laufen talabwärts und überqueren den mäandernden Bachlauf mehrere Male. Das Tal ist eng mit schroffen Wänden, die täglich nur wenige Sonnenstunden zulassen. Dies hat eine lichte Vegetation mit bemoosten Felsen und Geröllhalden zur Folge – ein Zauberwald, wie er nur selten vorkommt. Diese märchenhafte Landschaft stellt wohl den schönsten Abschnitt der heutigen Wanderung dar. Das ständige Gurgeln des Steinbaches begleitet Sie, bis das Tal sich bei einer kleinen Waldwiese öffnet. Sie finden sich abrupt vor der breiten Saar wieder – dem Ausgangspunkt der Wanderung.

Für eine Schlussrast empfehle ich Ihnen das „Fährhaus", das Sie 300 m saaraufwärts erreichen.

✕ Das Fährhaus liegt direkt an der Saar und hat einen schönen Biergarten. ☏ 068 68/18 02 18, www.faehrhaus-saarschleife.de, Di-So 11:00-22:00, Mo Ruhetag

❸ Losheimer Felsenweg

Tour für Naturliebhaber und Bewunderer von imposanten Felsformationen

Diese erlebnisreiche Rundtour wurde vom Deutschen Wanderinstitut als „Wanderweg des Jahres 2005" prämiert. Sie erwandern mächtige Felsformationen und spazieren neben dem historischen Grenzgraben zwischen zwei Bundesländern. Sie entdecken die Reste von alten Burganlagen und lernen beim Anblick einer keltischen Kultstätte das Fürchten. Sie durchlaufen bezaubernde Bachtäler und erkunden ökologisch wertvolle Feuchtgebiete. Dabei wechseln sich märchenhafte Waldeindrücke mit malerischen Weitsichten über Streuobstwiesen, Weiden und Mittelgebirgslandschaften ab.

Start/Ziel: Parkplatz des Bürgerhauses in 66679 Losheim-Waldhölzbach, Kurstraße 9, GPS N 49°33.114 E 006°45.717'

13,8 km

4 Std.

315 m/315 m

342-584 m

gut und durchgängig mit dem lilafarbenen Weglogo „Traumschleifen Saar-Hunsrück Felsenweg" markiert

sehr abwechslungsreicher Wechsel zwischen Pfaden und Wald- und Wiesenwegen, auf den Felsen bei Nässe unter Umständen rutschig

Einkehrmöglichkeiten am Anfang bzw. am Ende der Tour und in Scheiden (km 8)

zahlreiche Ruhebänke und Picknickstellen

Für Kinder ist die Tour wegen der vielen Felsen, Bachtäler und Weiheranlagen sehr interessant. Sie ist mit fast 14 km Länge und über 300 Höhenmetern im An- und Abstieg aber auch anstrengend.

Die Tour ist für Buggys nicht geeignet.

Mehrere Bachläufe und Teiche bieten ausreichend Trinkgelegenheiten für die Vierbeiner.

kostenloser Parkplatz am Start/Ziel (Versperren Sie beim Parken nicht die Ausfahrt der Feuerwehr, deren Fuhrpark ist nämlich auch in dem Bürgerhaus untergebracht.)

Ab „Merzig Bahnhof" fahren Sie mit dem Bus Nr. R1 oder 204 bis „Bahnhof Losheim", dort steigen Sie in Bus Nr. 222 oder 226 bis „Waldhölzbach Kirche" um. Die Busse verkehren stündlich.

Sie verlassen den Parkplatz in nördlicher Richtung über eine kleine Treppe und halten sich dann links. Wenige Meter weiter biegen Sie vor der modernen Kirche rechts durch einen großen Holzbogen ab. Sie beginnen mit einer Aufwärmphase, denn die nächsten 300 m geht es steil auf und ab. Dann treffen Sie auf eine schöne Picknickstelle neben dem alten Backhaus. Nach einer kurzen Verschnaufpause geht es gleich wieder bergauf zum ersten großen Felsen – dem ❀ **Teufelsfelsen** ❶ (km 0,6).

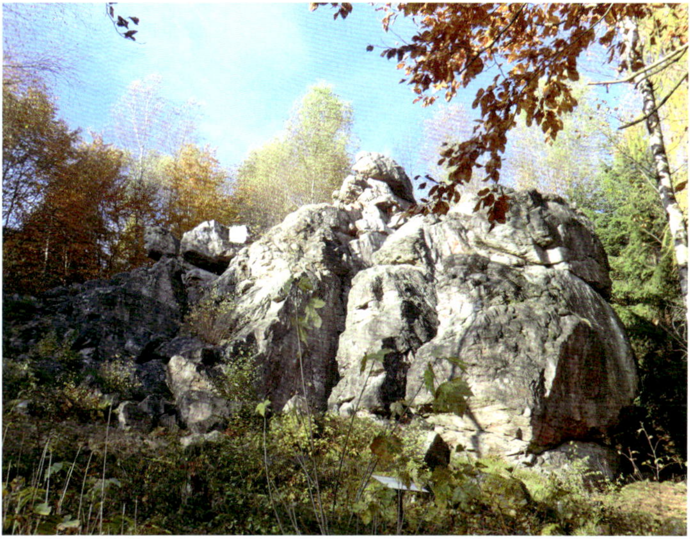

Der Teufelsfelsen

Der Teufelsfelsen stellt wie auch die anderen Felsformationen die geologische Verlängerung des Taunuskammes und des Hunsrücks dar. Die harten Brocken, die der Erosion standgehalten haben, werden daher auch Taunusquarzit genannt. So weit die nüchternen Fakten.

Der Sage nach ist der tiefe Spalt des zweigeteilten Felsens das Werk des Beelzebub. Der Teufel wollte die Seele einer Bäuerin gegen den Fels in Gold eintauschen. Durch eine List der schlauen Bäuerin misslang der Deal. Daraufhin entschwand der Teufel wutentbrannt durch den Felsen in die Hölle und hinterließ dabei die tiefe Kluft im Gestein.

Nach steilem Abstieg durch den Wald wandern Sie durch ein uriges Tal am Hölzbach entlang. Bei km 1,3 treffen Sie neben einem kleinen Steinbruch wieder auf eine einladende Picknickstelle mit Schutzhütte. Eine kurze Strecke weiter verlassen Sie bergauf den Bachlauf und finden sich bald auf dem historischen ⌘ Grenzweg wieder (km 2,6), dem Sie ca. 1 km entlang eines kleinen Grabens folgen.

Der kleine Graben stellt heute die Grenze zwischen dem Saarland und Rheinland-Pfalz dar. Er wurde im 18. Jh. angelegt, da es Unstimmigkeiten über den Grenzverlauf der damaligen Gemeinden gab. Auf der zweiten Hälfte des Grenzweges wird der Graben durch Grenzsteine ersetzt. Das Kürzel „Z-S-W" auf den Steinen geht auf die Anfangsbuchstaben der betroffenen Gemeinden zurück: Zerf, Scheiden und Waldhölzbach.

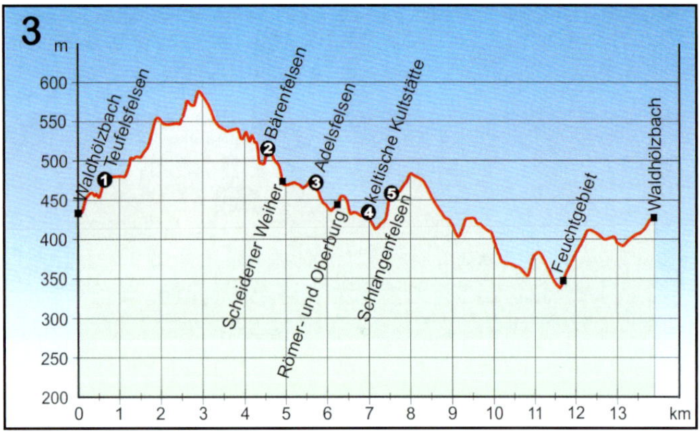

Am Ende des Grenzweges gelangen Sie in das idyllische Lannenbachtal. Sie flanieren entlang des gurgelnden Baches, den Sie bei km 4,3 abenteuerlich über einige Steine überqueren müssen (Rutschgefahr!) Kurz danach stehen Sie vor dem mächtigen **Bärenfelsen ❷**.

Der Name des Bärenfelsens rührt nicht etwa von dem mächtigen Säugetier her. Er geht vielmehr auf einen alten bäuerlichen Brauch zurück. Im 19. Jh. wur-

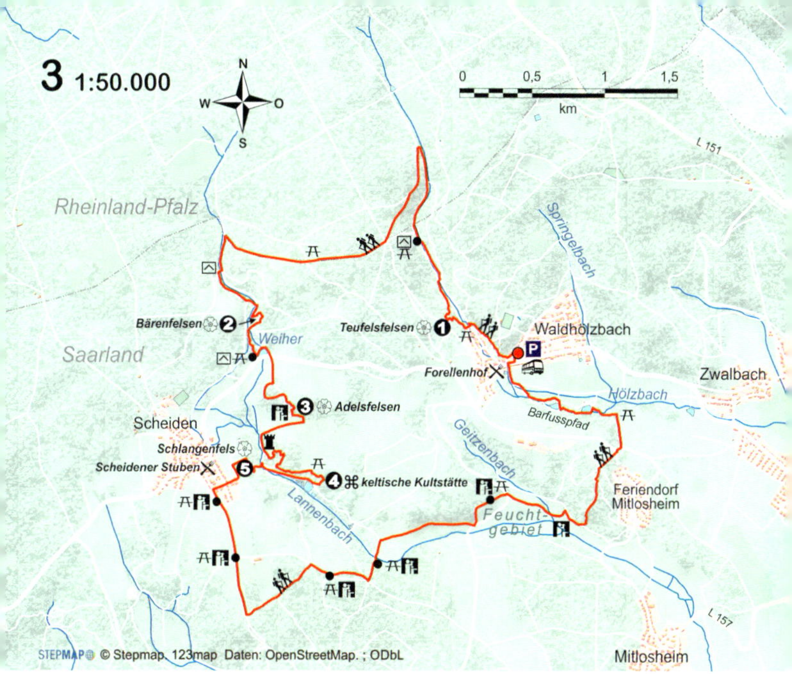

den die bierischen (paarungsreifen) Säue zur Besamung an den Steinbruch am Fuß des Felsen getrieben. Dort wurden sie von den Ebern, auch Beeren genannt, erwartet.

Den Felsen erklimmen Sie auf einem breiten, mit Geröll und Steinbrocken gefüllten Spalt, z. T. auf allen Vieren. Oben erwartet Sie ein kleiner Geröllkessel, von dem Sie rechts um den Felsen herum in ein tiefes Seitental mit schattigem Picknickplatz wieder absteigen.

Ungeübte können und sollten die Felsüberquerung umgehen, indem sie ca. 100 m am Felsen vorbei auf dem breiten Weg bleiben. Dort treffen sie wieder auf die Markierung.

Hinter dem Bärenfelsen geht es wieder entlang des idyllischen Lannenbaches, bis Sie bei km 4,9 plötzlich vor einem breiten Teich stehen – dem Scheidener Weiher. Eine Schutzhütte und mehrere Picknickbänke laden hier zur Rast ein.

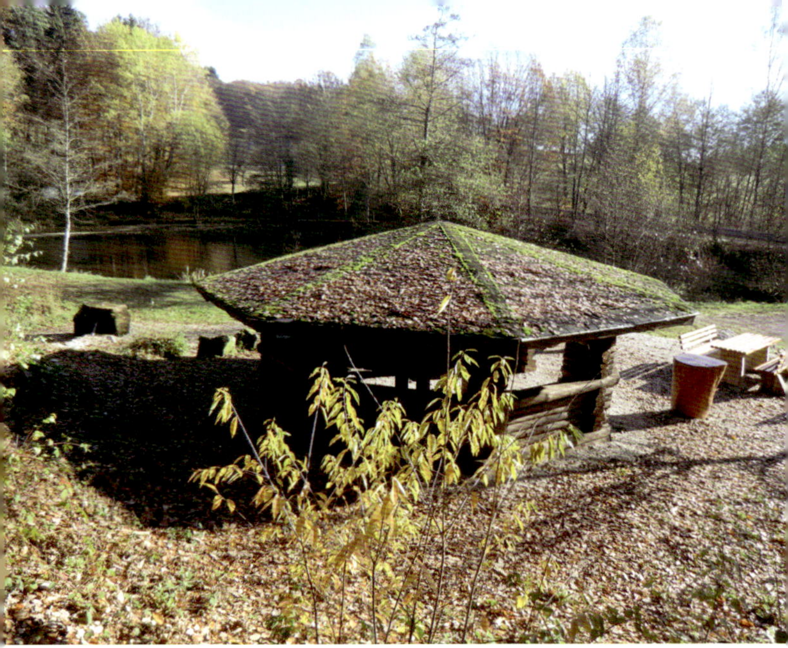

Der idyllische Scheidener Weiher

Hinter dem Weiher überqueren Sie eine Landstraße. Über ein freies Feld gelangen Sie wieder in den Wald. Nach kurzem, steilem Aufstieg stehen Sie auf einer Abbruchkante mit einer Liegebank und herrlicher Sicht über eine unter Ihnen liegende Wiese. Sie befinden sich, ohne dass Sie es bemerkt haben, wieder auf einem Felsen – dem **Adelsfelsen ③** (km 5,6).

Erst beim steilen Abstieg über einen mit Seilen gesicherten Steig erkennen Sie links neben sich die ca. 20 m hohe Felsformation. Sie durchwandern die soeben bewunderte Wiese, laufen wieder am Lannenbach entlang und steigen dann steil bergauf. Oben angekommen erstreckt sich vor Ihnen ein breites Waldplateau mit einer Picknickbank. Hier hat einmal die Römerburg gestanden.

Von der ehemaligen Römerburg erkennen Sie als Laie nichts mehr! Eine kleine Festung soll hier gestanden haben, von der aus die einst durch das Bachtal führende Römerstraße kontrolliert wurde. Im 12. oder 13. Jh. ist auf diesem strategisch interessanten Plateau eine mittelalterliche Burg gebaut worden. Die Überreste wurden später von den Bauern der Region als Baumaterial abgetragen.

Auf dem weiteren Weg, nur wenige Meter höher, entdecken Sie nun echte Überreste einer Burganlage. Von der mittelalterlichen ♜ Oberburg sind noch Trümmer mit einer kreisrunden Ausrichtung zu erkennen.

Durch eine vermooste, bewaldete Felslandschaft erreichen Sie überraschend am Waldrand eine Weideanlage mit herrlichem Weitblick, den Sie auf einer Liegebank genießen können. Ein paar Meter weiter treffen Sie in einem Buchenwald bei km 6,9 auf eine im wahrsten Sinne „sagenhafte" Felsgruppe – Zeit zum Gruseln.

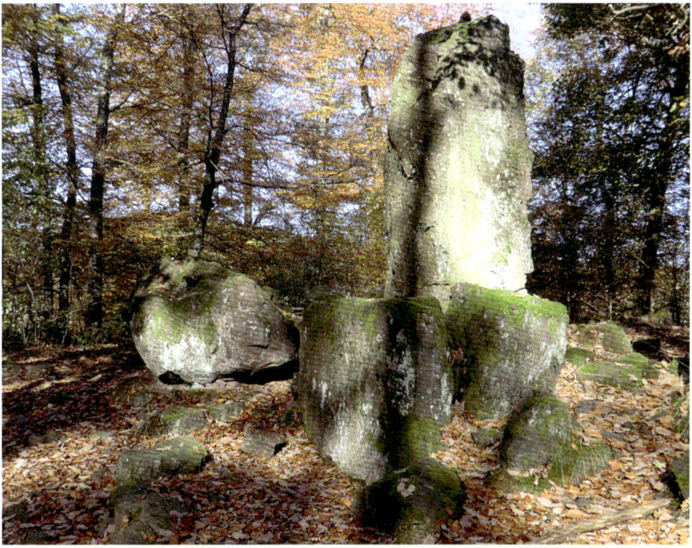

Die keltische Kultstätte

Die keltische Kultstätte ❹ besteht aus einer ca. 3 m hohen Felssäule, neben der sich niedrigere Brocken als Sitzgelegenheiten gruppieren. Auf einer dieser Bänke, dem Opferstein, befindet sich eine deutlich sichtbare Blutrinne. An dieser sagenhaften Felsgruppe sollen nicht nur Tiere geopfert worden sein, sondern auch Menschen.

Ganz abgebrühte Wanderer können an einem Picknicktisch neben dieser gruseligen Kultstätte ihre mitgebrachten Opfergaben verzehren.

Nach steilem Abstieg geht es zur mentalen Erholung zunächst wieder am beschaulichen Lannenbach entlang. Kräftig bergauf erklimmen Sie dann die nächste Felsformation. Ausgesetzte Stellen überqueren Sie über gesicherte Holzsteige. Schließlich stehen Sie hoch oben auf dem **Schlangenfelsen ❺** (km 7,5).

Kurz darauf betreten Sie die kleine Ortschaft Scheiden (km 7,7). Es ist Zeit für eine Einkehr.

Die Scheidener Stuben besitzen einen Biergarten mit kleiner Speisekarte und deftigen Gerichten. Bevor Sie die Ortschaft verlassen, biegen Sie rechts ab (150 m). Zum Igelsborn 4, 66679 Losheim-Scheiden, ☏ 068 72/83 06, tägl. ab 12:00, Mo Ruhetag

Sie verlassen Scheiden in südlicher Richtung. Jetzt verändert sich die Landschaft radikal. Kein Wald mehr, vielmehr erwarten Sie weite Wiesenlandschaften mit einer herrlichen Fernsicht. Auf mehreren Liegebänken am Ortsausgang können Sie diese weite Landschaft erst einmal genießen. Richtung Süden erkennen Sie die Windräder auf dem Galgenberg und dem Schlädeberg. Weiter westlich tun sich die Hunsrückausläufer vor der Saar auf.

Weitsicht über Streuobstwiesen

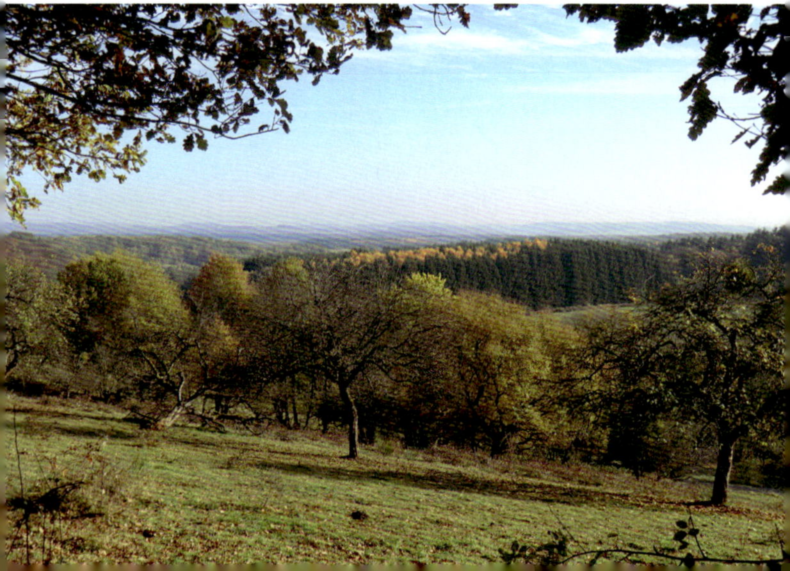

Diesen Weitblick behalten Sie den nächsten Kilometer über auf einer Obstbaumallee vor Augen, bis Sie bei km 8,8 wieder in einen lichten Buchenwald eintauchen. Aber schon 600 m weiter gibt der Waldrand erneut den Blick auf ausgedehnte Weidelandschaften frei. Über einen Serpentinenpfad tauchen Sie dann durch einen dichten, vermoosten Nadelwald in das Ihnen bereits bekannte Lannenbachtal ab. Nach der Überquerung des Baches (km 9,9) wandern Sie am Waldrand vorbei parallel zu weiten Pferdeweiden mit herrlicher Weitsicht. Sie überqueren eine Landstraße, laufen lange Zeit über eine Viehweide und betreten schließlich ein Feuchtgebiet. Von einem Aussichtspodest (km 11,7) aus können Sie hier die seltene Hochstaudenvegetation bewundern.

Auf dem Losheimer Felsenweg

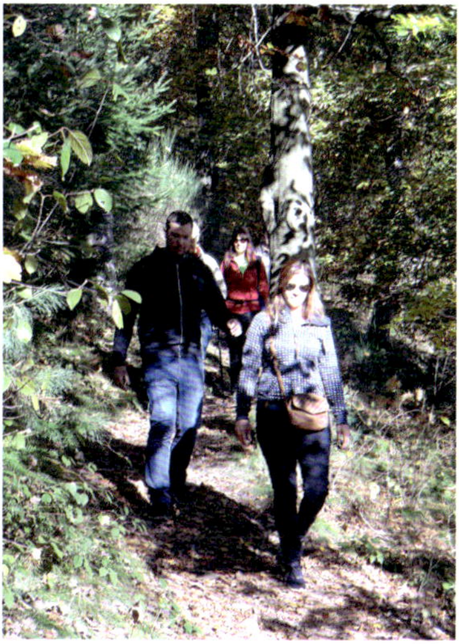

Kurz hinter dem Podest biegen Sie im Wald links ab und laufen in kleinen Serpentinen steil aufwärts (neue Wegführung). Nach Überquerung einer Landstraße treffen Sie bei km 12,9 auf eine malerische Weiheranlage mit Ruhebank. Vorbei an einem Barfußpfad (Beginn bei km 13,6) erreichen Sie am Ortseingang von Waldhölzbach den Forellenhof. Hier ist nach der erlebnisreichen und langen Wanderung eine Abschlussrast angesagt.

Der Forellenhof bietet eine schöne Außenanlage mit Teich. Den Schwerpunkt der Speisekarte stellen natürlich die Forellengerichte dar. Waldhölzbacherstraße 20, 66679 Losheim-Waldhölzbach, ☎ 068 72/43 03, tägl. 12:00-23:00 (1.4.-30.10.) bzw. 16:00-24:00 (1.11.-31.3.)

Hinter dem Forellenhof biegen Sie rechts in die Hauptstraße ab. Nun stehen Sie nach wenigen Metern vor dem Parkplatz des Bürgerhauses, dem Ausgangspunkt der Wanderung.

4 Rund um den Bostalsee

Erlebnisreiche Tour für Familien mit Kindern und Buggys

Diese familienfreundliche Seeumrundung ist für Buggys besonders geeignet. Begeisterung kommt bei Ihren Sprösslingen auf, wenn sie die vielen Spielmöglichkeiten am Weg entdecken. Durch die tollen Ausblicke auf den See und das Naturerlebnis im südlichen Naturschutzgebiet werden auch Sie auf Ihre Kosten kommen. Höhepunkt im Sommer ist natürlich der Besuch eines der beiden Strandbäder.

Start/Ziel: Parkplatz am Bostalsee, Am Seehafen, 66625 Nohfelden, GPS N 49°33.933' E 007°03.760'

6,9 km

1 Std. 45 Min.

16 m/16 m

400-416 m

Der Weg ist nicht ganz durchgängig beschildert: „Seerundweg", weiße Schrift auf grünem Untergrund mit km-Angabe. Außer vor dem Regattahaus (bei km 0,7 links abbiegen) halten Sie sich bei der Seeumrundung im Uhrzeigersinn immer rechts.

durchgängig breiter, asphaltierter Weg

mehrere Einkehrmöglichkeiten

ausreichend Rast- und Picknickbänke (Die schönsten werden im Text erwähnt.)

Gleich zwei Strandbäder laden zum Baden ein (km 0,1 und 2,9).

Strandbad, Kletterparcours, Kinderspielplatz, Streichelzoo und Tretboote machen diese Wanderung für Kinder besonders attraktiv.

Die Tour ist für Buggys besonders geeignet. Der gesamte Rundweg ist geteert, abends beleuchtet und es gibt keine nennenswerten Steigungen.

Für Hunde ist der Weg nur bedingt geeignet. Zwar bietet der See ausreichend Trinkmöglichkeiten, allerdings ist der Weg asphaltiert und zeitweise stark von Spaziergängern frequentiert.

kostenpflichtiger Parkplatz am Start/Ziel (€ 1 € pro Std.)

Ab „Bahnhof Türkismühle, Nohfelden" fahren Sie mit dem Bus Nr. R11 bis „Mühle Bosen, Nohfelden". Von dort sind es noch 5 Min. Fußweg zum See. Busse verkehren alle 2 Std.

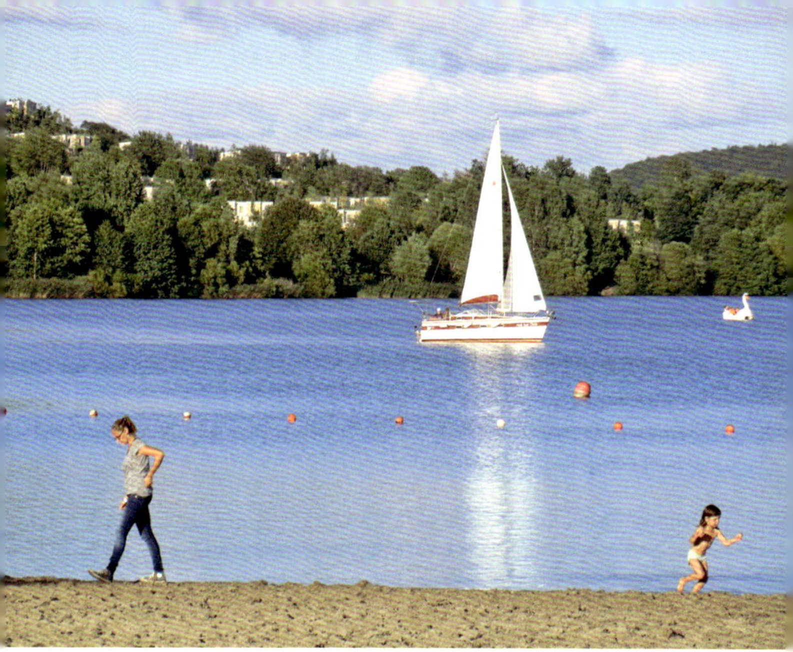

Strandbad Bosen

Der Bostalsee wurde im Jahr 1979 künstlich angestaut. Er dient rein touristischen Zwecken. Mit einer Wasserfläche von 1,2 km² ist er der größte künstliche Freizeitsee Südwestdeutschlands.

In Richtung Norden verlassen Sie den Parkplatz und passieren sofort die Kinderspielhalle Bosiland.

Das Bosiland ist ein rundes Gebäude mit allerlei synthetischen Indoor-Spielmöglichkeiten wie Klettergerüsten, Rutschen, Trampolinen usw.

♦ ☏ 068 52/896 96 24, www.bosiland.de, Mo-Fr 14:00-19:00, Sa + So 10:00-19:00, € 3,70-7,90 pro Person

Hinter dem Bosiland befindet sich der Eingang zum großen **Strandbad Bosen ❶** mit Liegewiese, Imbissbuden, großer Wasserrutschbahn und Sandstrand.

♦ ☏ 068 52/9 01 00, 8:00-24:00 (Aufsicht: 9:00-19:00), Erwachsene € 4, Kinder € 2

Sie laufen weiter auf dem asphaltierten Weg in nördlicher Richtung durch einen Mischwald. Bei km 0,7 erreichen Sie eine Weggabelung, an der Sie vor dem Regattahaus links abbiegen. Bei km 1 kommen Sie zur **Bosener Mühle ❷**.

⌘ Im Kulturzentrum Bosener Mühle können Sie und Ihre Kinder an Workshops zu einzelnen Kunstarten teilnehmen oder Kunstausstellungen besuchen.

💻 www.bosener-muehle.de

✕ Das angegliederte Kunst & Kultur Café bietet Ihnen leckere hausgebackene Kuchen. ☎ 068 52/991 94 30, 💻 www.kunst-kultur-cafe.de, Mi-So 13:00-18:00. Hunde sind auf der Terrasse willkommen.

Hinter der Bosener Mühle halten Sie sich weiter rechts. Bei km 1,6 haben Sie in der vegetationsreichen Zeit erstmals die Gelegenheit, die Aussicht auf den See zu genießen – und das auch noch von einer schönen Bank aus. Kurz danach können Sie Ihre Kinder mit einem Kletterparcours (km 2) und einem Streichelzoo mit Kinderspielplatz (km 2,1) begeistern. Nachdem Sie den Center Parc (km 2,8) passiert haben, befinden Sie sich vor dem Eingang des kleineren **Strandbades Gonnesweiler ❸** (km 2,9).

Stehpaddler

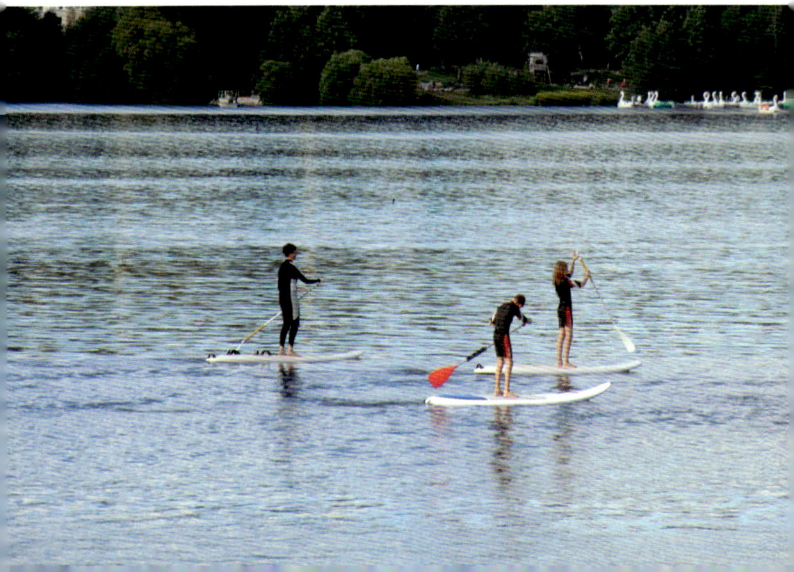

Im Center Parc Bostalsee können Sie die Indoor-Wasserspielwelt Aqua Mundo besuchen oder Ferienhäuser mieten. www.centerparcs.de

Bei schönem Wetter ist natürlich der Besuch des Strandbades Gonnesweiler mit großer Liegewiese, Restauration und Sandstrand viel interessanter.

♦ ☏ 068 52/901 00, 8:00-24:00 (Aufsicht: 9:00-19:00), Erwachsene € 4, Kinder € 2

Sie laufen über den befestigten Staudamm weiter um den See. Hinter dem Damm lädt eine Picknickstelle direkt am Wasser zum Verweilen ein (km 4). Kurz danach tut sich über Ihnen ein gigantisches Wellnesshotel mit interessanter Architektur auf (www.seezeitlodge-bostalsee.de).

Jetzt wird es ruhiger. Sie tauchen in ein Naturschutzgebiet ein. Die gesamte Umrundung des südlichen Teils des Sees führt Sie durch dieses ökologische Kleinod. Bei km 4,8 passieren Sie das Ende der ⌘ Skulpturenstraße.

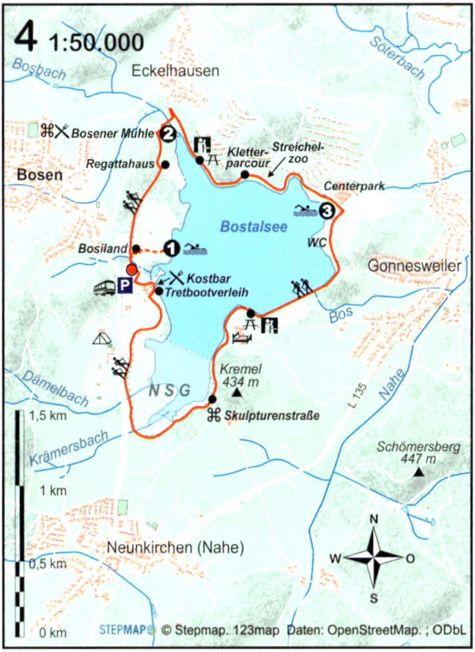

Die Straße der Skulpturen (grünes Band auf weißem Untergrund mit Beschriftung „Skulpturenstraße") ist ein interessanter Abstecher während der Rundtour. Auf 17 km zwischen dem Bostalsee und St. Wendel können Sie ca. 60 große Steinblöcke von Künstlern aus zwölf Ländern in herrlicher Landschaft bewundern (☞ Seite 38).

www.bostalsee.de/erleben/detail/adresse/strasse-der-skulpturen/

Skulptur Liebesthron

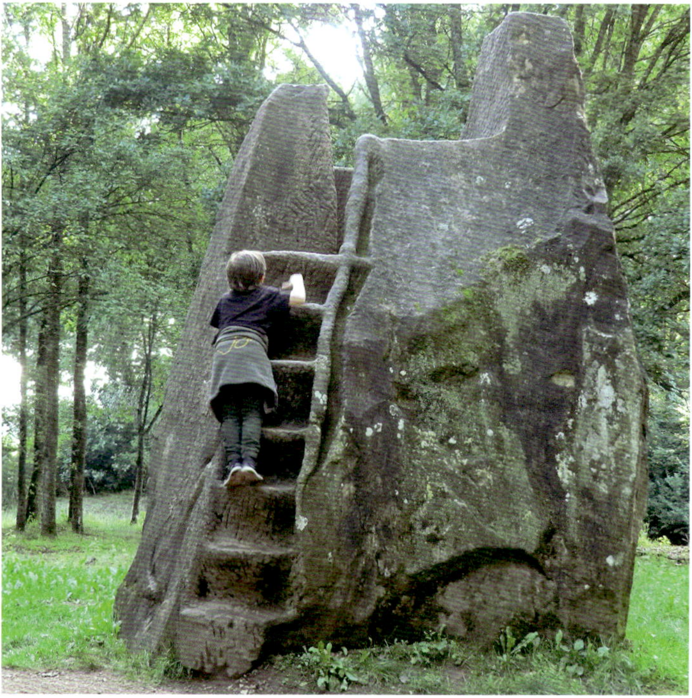

Bevor Sie das touristische Treiben am Anfangspunkt der Rundwanderung wieder einnimmt, passieren Sie bei km 6 den über der mittlerweile parallel verlaufenden Straße befindlichen Eingang des 5-Sterne-Campingplatzes Bostalsee (mit Gastronomie).

Vorbei am Bootsverleih und der Kostbar erreichen Sie wieder Ihren Parkplatz.

FUN Am Bootsverleih können Sie neben Tret- und Ruderbooten (€ 9 pro Std.) auch Elektroboote (€ 17 pro Std.) mieten. April-Okt. 10:00-17:00/19:00

Die Kostbar am See ist ein Restaurant mit Terrasse und Seeblick. Trotz des gehobenen Ambientes sind die Preise zivil. ☏ 068 52/809 32 22, www.kostbar-am-see.de, tägl. 10:00-22:00, Nov.-März Mi Ruhetag

5 Rund um den Losheimer Stausee

Kurze, aber erlebnisreiche Tour für Familien mit Kindern und Buggys

Die kinderfreundliche Tour ist besonders gut für Buggys geeignet, da der Weg durchgehend asphaltiert ist und nur wenige Steigungen aufweist. Ihre Kleinen werden von den vielen Bademöglichkeiten und dem Wasserspielplatz begeistert sein. Aber auch Sie werden auf Ihre Kosten kommen: Die imposanten Aussichten auf den See, der anregende Seegarten und die zahlreichen Einkehrmöglichkeiten inspirieren auch die großen Wanderer.

Start/Ziel: Wanderparkplatz gegenüber dem Hochwälder Brauhaus in 66679 Losheim, Zum Stausee 190, GPS N 49°31.206' E 006°44.511'

4 km

1 Std.

25 m/25 m

318-340 m

keine Markierung

durchgängig breiter, asphaltierter Weg, lediglich im Seegarten feste, befahrbare Sandwege

mehrere Einkehrmöglichkeiten

Auf dieser eher kurzen Wanderung finden Sie ausreichend Rastbänke und Picknicktische.

WC öffentliche Toiletten bei km 2,6 und km 3,6

zahlreiche Bademöglichkeiten am Wegesrand

Die Bademöglichkeiten und der Wasserspielplatz im Seegarten werden Ihre Kinder begeistern.

Die Tour ist hervorragend für Buggys geeignet. Der Rundweg ist durchgehend asphaltiert.

Für Hunde ist der Rundgang nur bedingt geeignet. Zwar bietet der See ausreichend Trinkmöglichkeiten, allerdings darf Ihr Vierbeiner nicht ins Wasser. Darüber hinaus ist der Weg asphaltiert und zeitweise stark von Spaziergängern frequentiert.

P kostenpflichtiger Parkplatz am Start/Ziel: 2 Std. € 1, 3 Std. € 1,50, ganzer Tag € 2

Ab „Merzig Bahnhof" fahren Sie mit dem Bus Nr. 224 bis „Losheim, Stausee Infostand" (ca. 40 Min. Fahrzeit). Busse verkehren nur alle 2-3 Std.

Der Losheimer Stausee wurde zwischen 1972 und 1974 in zweijähriger Bauzeit als Bade- und Freizeitsee angelegt. Der See ist 1,2 km lang und misst an der breitesten Stelle 400 m. Die tiefste Stelle beträgt 14 m.

Blick über den See

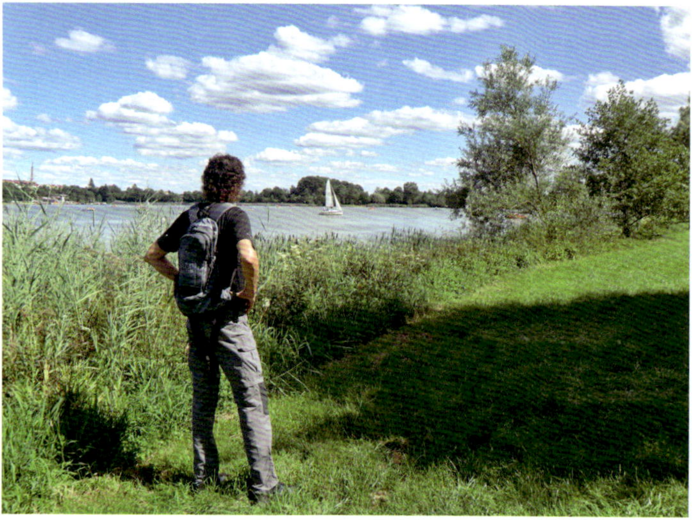

✕ Zu Beginn oder am Ende der Rundtour lockt das Hochwälder Brauhaus mit seinem selbst gebrauten Bier. Neben bürgerlicher Küche bietet es auch Kaffee und Kuchen an. Von der Sonnenterrasse aus haben Sie einen hervorragenden Blick über den See. ☏ 068 72/50 57 72, www.hochwaelder-brauhaus.de, tägl. 11:00-1:00

Vom Parkplatz laufen Sie Richtung See an der Touristinformation vorbei und biegen sofort bei der ersten Möglichkeit rechts ab. Oberhalb vom See, vorbei am **Strandbad ❶**, erreichen Sie bei km 0,7 das Bistro am Seegarten ❷, das direkt vor einem Minigolfplatz liegt.

⌘ Der **Seegarten** stellt als Teil des europäischen Projektes „Gärten ohne Grenzen" in der SaarLorLux-Region ein Eldorado für Gartenliebhaber dar. Beschauliche Wege führen Sie in Hanglage der Uferregion durch eine imposante

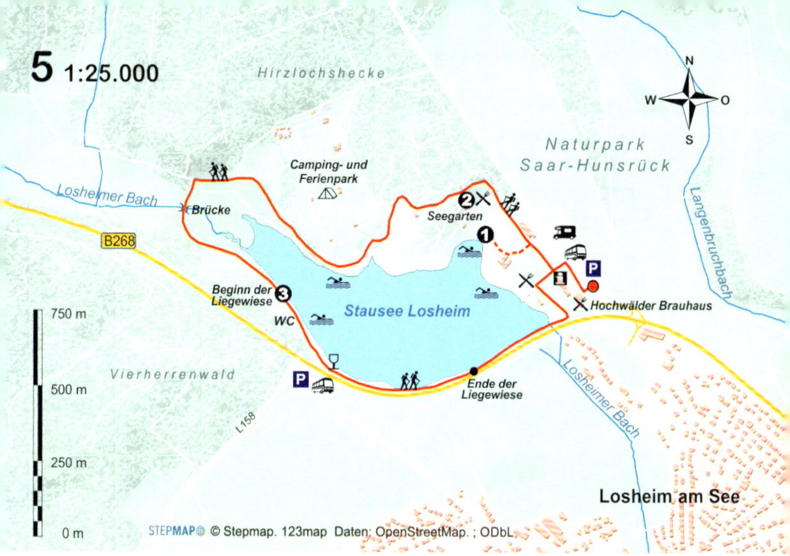

Gartenlandschaft, vorbei an den unterschiedlichsten Stauden und Sträuchern, Wiesen und Bäumen. Die Vegetation spiegelt dabei die einzelnen Jahreszeiten wider. Der Eintrittspreis beträgt je nach Saison € 1,50-3,00 und beinhaltet im Sommer auch die Benutzung von Strandbad und Wasserspielplatz. Gruppen können auf Anfrage Gartenführungen buchen. Im Seegarten können Sie Ihrem Partner oder Ihrer Partnerin sogar das Jawort geben!

♦ ☏ 068 72/921 46 90, 💻 www.losheimer-stausee.de

Ihre Sprösslinge können Sie durch einen Besuch des Wassergartens im Seegarten begeistern. Über ein natürliches Gefälle durchläuft ein kleines Rinnsal zuerst einen befestigten Bereich mit Wasserrädern und -spiralen, wo sich die Kleinen ordentlich nass machen können. Anschließend folgt ein Matschspielplatz mit Spielgeräten, der jedes empfindliche Elternteil erzittern lässt. Gott sei Dank verschwindet der Wasserlauf dann in einem Wasserwald.

Das Bistro stellt den Eingangsbereich für den Seegarten und den Wasserspielplatz dar. Sie können hier auf einer netten Sonnenterrasse Kaffee und Kuchen genießen. Im Gartenshop können Sie aber auch Gartenliteratur, Pflanzen und Kunsthandwerk erwerben. ☏ 068 72/921 46 90, 💻 www.losheimer-stausee.de, Juni-Aug. 10:00-20:00, Sept.-Mai 11:00-17:30

Wenn Ihre Jüngsten wieder sauber und trocken sind, geht es weiter, immer parallel zum See. Bei km 1,3 folgt schon die erste kleine Badestelle auf einer Wiese. Sand und Wasser locken erneut zu Wasserspielen. Zum Weitergehen können Sie Ihren Nachwuchs wahrscheinlich nur mit dem Hinweis animieren, dass auf der anderen Seite des Sees ein Kiosk auf sie wartet. Um dorthin zu kommen, müssen Sie bei km 1,9 die erste Abzweigung links nehmen. Der Weg führt Sie über ein Brücklein, das den Losheimer Bach überquert, der den See speist.

Badestelle am See

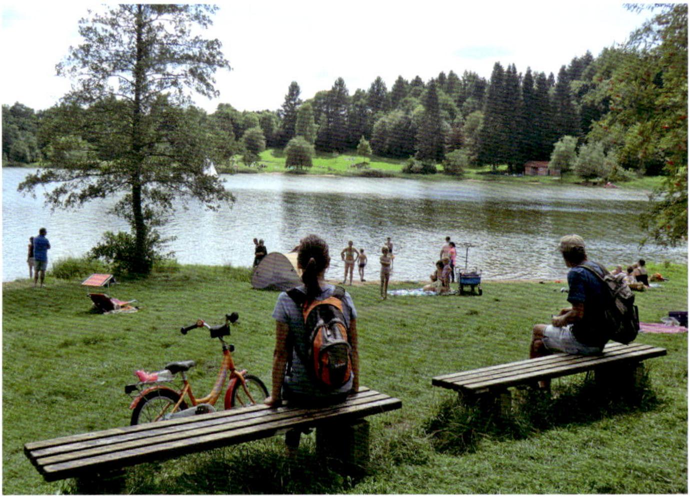

Ab km 2,5 folgt entlang des Sees eine lang gestreckte Liegewiese ❸, die bis zum Staudamm reicht (km 3,3). Sie bietet immer wieder kleine Badebuchten. Ein Badesteg (km 2,5), ein WC (km 2,6) und bei Badebetrieb auch der versprochene Kiosk (km 2,8) lassen keine Bedürfnisse unbefriedigt. Für das Baden bittet die Gemeinde Sie allerdings zur Kasse: Tageskarte für Erwachsene € 2,50, Kinder € 1 und eigene Schlauchboote € 1,50.

Parallel zur Staumauer biegen Sie bei km 3,7 an der ersten Möglichkeit links ab. Vor einem Imbiss mit WC oberhalb einer größeren Badestelle biegen Sie auf den nächstmöglichen Weg rechts ab. Nach einem kurzen Aufstieg erreichen Sie die Touristinfo und dahinter Ihren Parkplatz.

6 Nahequelle-Pfad

Kurze, aber erlebnisreiche Tour für Familien mit Kindern

Selten werden Sie einen Wanderweg finden, der so kinderfreundlich angelegt ist. Allein mit der Länge von nur 5 km, den geringen Steigungen und einer abwechslungsreichen Wegführung könnten Sie Ihre Familie sicher schon locken. Aber diese Rundtour ist auch ein Stakkato an Angeboten für Ihre Sprösslinge. Schaukeln, Hütten und Röhren lassen das Wandern für Kinder zu einem abenteuerlichen Erlebnis werden.

Start/Ziel: Parkplatz des Wildfreigeheges in Selbach (westliche Verlängerung der Straße „Zur Nahequelle" in 66625 Nohfelden Selbach), GPS N 49°32.364' E 007°1.628'

5,3 km

1 Std. 30 Min.

Die Nahequelle

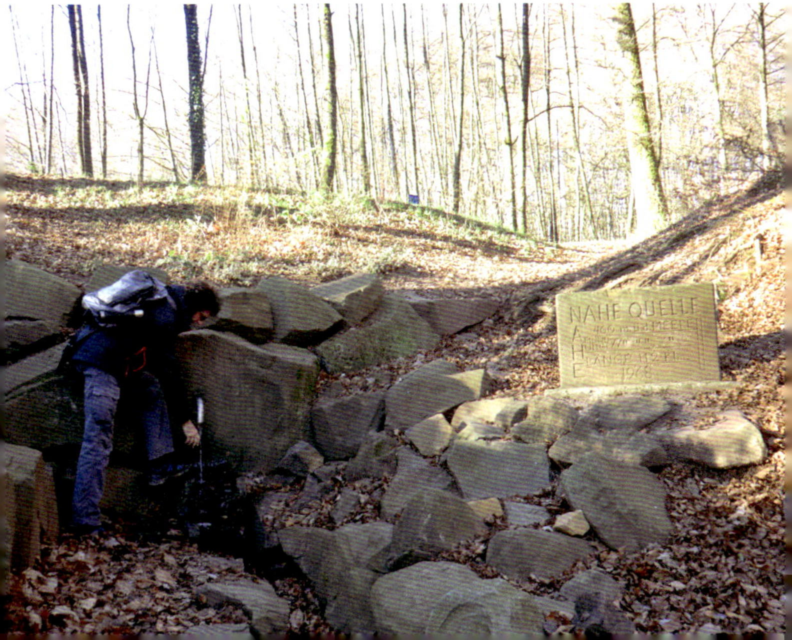

↑↓ 110 m/110 m

⇧ 444-524 m

durchgängig und gut mit dem Wanderlogo „wandernde Kinder neben blauem Fluss auf grüner Landschaft“ gekennzeichnet

abwechslungsreicher Wechsel zwischen schmalen Pfaden und breiten Wegen

keine Einkehrmöglichkeit am Weg

zahlreiche Rastbänke und Picknickbänke

Diese Tour ist speziell für Kinder geplant worden. Eine Erlebnisstation folgt auf die andere. Höhepunkt ist das Wildfreigehege mit dem Streichelzoo.

Die Tour ist für Buggys nicht geeignet. Allerdings können Sie mit dem Kinderwagen das Wildfreigehege mit dem Streichelzoo direkt neben dem Parkplatz problemlos befahren.

Die Nahequelle und mehrere kleine Rinnsale sollten auf dieser kurzen Tour als Tränken für Ihren Vierbeiner ausreichen.

P kostenloser Parkplatz am Start/Ziel

Ab „St. Wendel Bahnhof“ fahren Sie mit dem Bus Nr. R2 bis „Selbach, Primstaler Str.“. Busse verkehren stündlich.

Vom Parkplatz aus führt Sie der Weg bereits nach 100 m direkt zur gefassten **Quelle der Nahe ❶**. Kaum zu glauben, dass dieses Rinnsal als idyllischer Fluss durch Hunsrückwälder und Weinbaugebiete fließen wird, um nach 112 km bei Bingen direkt in den Rhein zu münden.

Nachdem Sie der Quelle genügend Respekt gezollt haben, kann es losgehen. Sie wandern mit ihren wahrscheinlich noch ungestümen Kindern durch einen Mischwald über zwei kleine Brückchen, bis Ihre Kleinen bei km 0,4 vermutlich in einer Holzröhre verschwinden. Wenn Sie sie dort wieder weggelockt haben, verstecken sie sich bestimmt 100 m weiter in einer kleinen Hütte. Lassen Sie sich also Zeit, denn so geht es jetzt die ganze Wanderung weiter – aber es ist ja eine Familienwanderung.

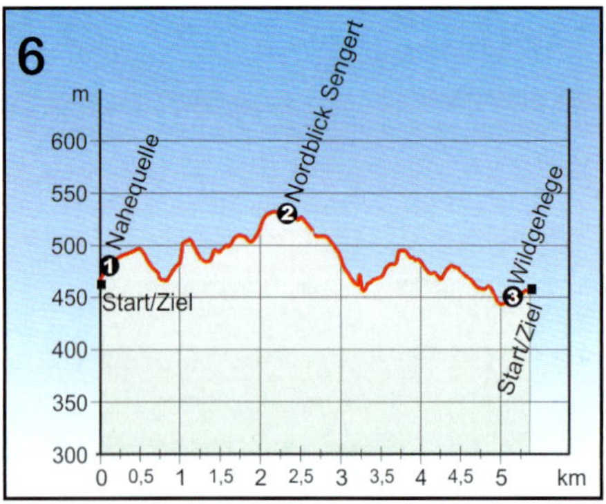

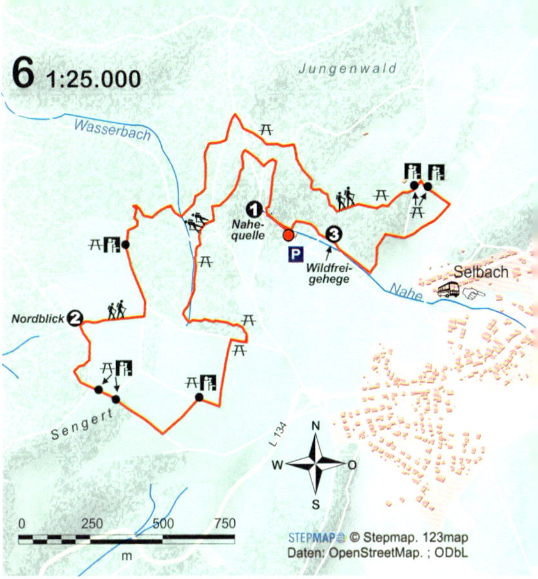

Dann hüpfen Sie mit Ihren Kindern über kleine Wasser führende Gräben. Nach einem weiteren Brückchen treten Sie bei km 1,3 bei einer Picknickstelle aus dem Wald. Während Sie den tollen Blick zum Schaumberg mit seinem Turm genießen, hasten Ihre Sprösslinge wahrscheinlich schon 100 m weiter zu einer Schaukel. Dort können Sie sich auf einer Bank in Ruhe an der schönen Aussicht erfreuen und Ihre kleinen Begleiter gewähren lassen (km 1,4).

Weiter führt der Weg durch Wiesen und Felder. Der Blick weitet sich bis zu einem 360-Grad-Panorama über die St. Wendeler Hügellandschaft. Sie befinden sich jetzt auf dem exponierten Sengert auf 525 m Höhe.

Ihre Kinder kommen wahrscheinlich erst wieder zur Ruhe, wenn Sie bei km 2,4 zum Nordblick des Sengert ❷ gelangen. Dort gibt es neben einer Picknickstelle und einer Liegebank nämlich auch ein Spielhäuschen zu entdecken.

Sie tauchen dann bei km 2,8 wieder in den Wald ab und schon finden Sie Ihre Kleinen in einem Pyramidenhäuschen wieder. In einer Serpentine geht es bergab, an einem Feldrand vorbei und mit leichtem Auf und Ab im Wald weiter. Bei km 3,4 erwartet Sie eine Picknickstelle und Ihre Sprösslinge ein Häuschen auf Stelzen. Weiter führt der Weg durch den Wald – aber die nächste Ablenkung wartet schon. An einer Steigung verschwinden kleine Mitwanderer vermutlich in einer Spielhütte. Sie treten bei km 4,3 aus dem Wald und werden wieder von einer herrlichen Aussicht überwältigt. Vorbei an einer Picknickstelle erreichen Sie im Wald eine Hütte auf Stelzen, wo Sie Ihre Kleinen „parken" können, während Sie auf einer Liegebank noch einmal den Schaumberg, den höchsten Berg des Saarlandes, auf sich wirken lassen (km 4,4).

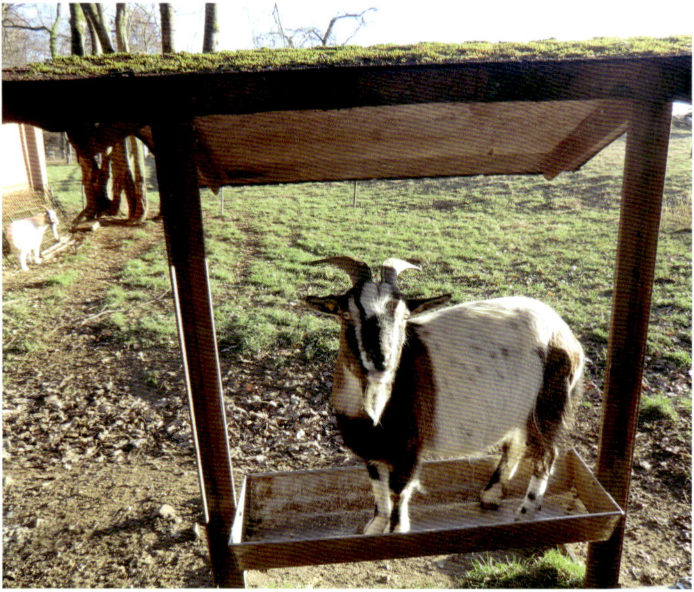

Der Streichelzoo

Bergab gelangen Sie über einen Bienenlehrpfad zu der Umzäunung des Wildfreigeheges. Das kleine Rinnsal, das neben Ihnen gurgelt, ist der erste Versuch der Nahe, zu einem Bach zu werden. Im **Wildfreigehege 3** angekommen überschlagen sich die Angebote für den Wandernachwuchs: Nicht nur Damwild, Ziegen und Pfaue sind zu bewundern, auch ein Fischteich, ein Spielplatz und ein „Bücherbaum" mit Tauschlektüre wollen erkundet werden. Wenn Sie den benachbarten Wanderparkplatz erreicht haben, werden Ihre kleinen Begleiter zufrieden und müde sein.

7 Rissenthaler Schluchtenpfad

Tour für anspruchsvolle Wanderer, die gerne auf schmalen Pfaden laufen und dabei viel Natur erleben wollen

In ständigem Auf und Ab durchqueren Sie die schönsten Schluchten und Gräten. Sie durchwandern Hohlwege und durchstreifen verwunschene Wälder. Auf Hochebenen genießen Sie atemberaubende Aussichten in den Talkessel von Rissenthal und über die weite Landschaft der Wahlener Platte.

Start/Ziel: zentraler Wanderparkplatz in der Prof.-Peter-Wust-Str. 3 in 66679 Losheim-Rissenthal, GPS N 49°28.000' E 006°45.343'

10,5 km

3 Std. 30 Min

350 m/350 m

229-361 m

Der Rundweg ist durchgängig und gut mit dem lilafarbenen Logo „Traumschleifen Saar-Hunsrück Schluchtenpfad" beschildert.

z. T. steile Pfade, die bei Nässe rutschig sein können, stellenweise Trittsicherheit erforderlich

zwei Einkehrmöglichkeiten am Anfang bzw. am Ende der Tour

zahlreiche Rastbänke

Wegen der anstrengenden Wegführung ist die Wanderung nur für ältere Kinder geeignet. Diese werden aber bestimmt ihren Spaß in den mächtigen Schluchten haben.

Die Tour ist für Buggys nicht geeignet.

Kleine Rinnsale und der Wasserfall in der vorletzten Schlucht bieten nur spärliche Trinkmöglichkeiten für Ihren Vierbeiner. Im Sommer sollten Sie auf jeden Fall Wasser mitführen. Die dichten Wälder sind sehr wildreich. Hier sollten Sie ihren Hund anleinen.

kostenloser Parkplatz am Start/Ziel

Ab „Beckingen Bahnhof" fahren Sie mit dem Bus Nr. 201 bis „Reimsbach Stein". Dort steigen Sie in Bus Nr. 201 bis „Rissenthal Ortsmitte" um. Busse verkehren ein- bis zweistündlich.

Rissenthal befindet sich in einem Talkessel auf ca. 240 m Höhe. Umgeben ist die kleine Ortschaft von steil aufsteigenden Wäldern, die in einer Höhe von ca. 360 m meist in eine flachere Feldlandschaft, die Wahlener Platte, auslaufen. An den Hängen dieses Kessels haben kleine Rinnsale und Bäche in den letzten Jahrtausenden tiefe Gräben und Schluchten in den Buntsandstein gegraben. Diese Formationen werden im Volksmund auch „Gräten" genannt. Die Wälder, die in den Schluchten nicht mehr bewirtschaftet werden können, präsentieren sich mit ihrem Totholz als verwunschene Urwälder. Die Wanderung wird Sie einmal um Rissenthal herum durch die schönsten Schluchten führen.

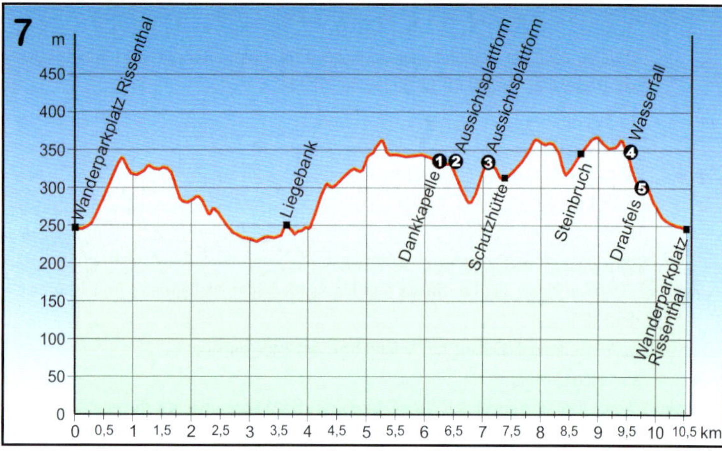

Sie verlassen den Parkplatz in östlicher Richtung und gelangen nach 100 m in einen Hohlweg, der Sie langsam aufwärtsführt. Der Hohlweg geht in eine unpassierbare Grät über, die Sie rechtzeitig auf einem parallelen, höher gelegenen Weg verlassen. Weiter geht es in Serpentinen auf einen höher gelegenen Bergkamm. Nach diesen 90 Höhenmetern können Sie bei km 0,8 erst einmal auf einer Bank Atem schöpfen. Der Pfad führt Sie hangparallel weiter, bis Sie oberhalb einer mächtigen Schlucht stehen. Dann öffnet sich der Wald und Sie haben einen fantastischen Blick über den Talkessel von Rissenthal. Auf schmalem Weg erreichen Sie anschließend den Scheitelpunkt einer weiteren Schlucht. An mächtigen Gesteinsformationen vorbei begleiten Sie diese Grät steil bergab. Überraschend läuft die Schlucht vor einem Wiesengelände sanft in einen harm-

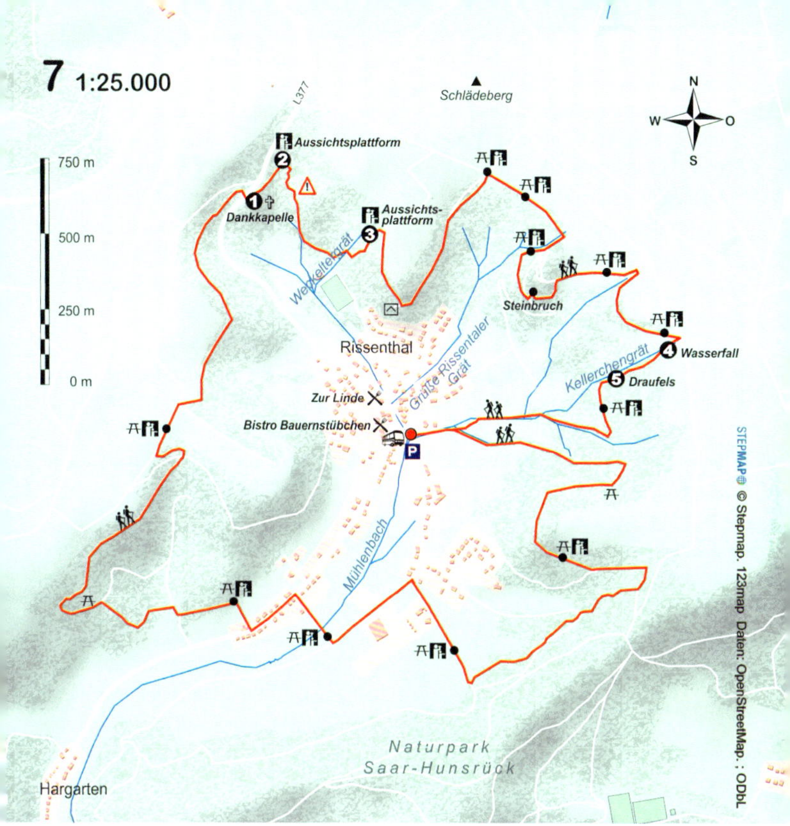

losen Graben aus. Das Wiesengelände gibt den Blick über Rissenthal frei. Eine Bank lädt auch hier zum Verweilen ein. An Weiden vorbei steigen Sie über einen Hohlweg wieder in die Ortschaft ab (km 2,7).

Vorbei an weitläufigen Pferdekoppeln verlassen Sie die Wohnbebauung über die Hauptstraße wieder. Bei km 3,5 geht es kurz bergauf. Am Rand eines Nadelwaldes entdecken Sie eine Liegebank mit Blick aus dem Kessel von Rissenthal heraus. Vorbei an weiten Weideflächen geht es dann – wieder im Wald – bergauf. An zwei Bänken kommen Sie an eine Grät, die Sie über eine steile Treppenanlage bergwärts begleiten. Der Pfad führt Sie anschließend am Hang entlang. Dabei haben Sie einen tiefen Einblick in den unter Ihnen liegenden

Wald. Über eine Serpentine steigen Sie noch einmal kurz auf und treten dann aus dem Wald heraus auf den Aussichtspunkt „Auf Scheid". Wenige Meter weiter (km 5,2) erwarten Sie zwei Liegebänke mit fantastischer Aussicht in den Bachemer Kammerforst, einen Ausläufer des Hunsrücks.

Fast hangparallel führt Sie der Pfad nun durch einen jungen Akazienwald und anschließend durch einen Mischwald zu einer Landstraße, die Sie sehr vorsichtig überqueren sollten. Nach der unbeschadet überstandenen Straßenüberquerung erwartet Sie eine ✞ **Dankkapelle 1**.

✞ Die Kapelle wurde im Jahr 1887 von der Rissenthaler Familie Fixmer erbaut. Sie ist das Resultat eines Gelübdes für die Genesung ihrer Tochter. Im Laufe der Zeit verfiel die Gedächtniskapelle, in den 1990er-Jahren wurde sie abgerissen. Im Jahr 2004 wurde sie jedoch von dem Urenkel der Familie wieder aufgebaut.

Aussichtsplattform über der Schlucht

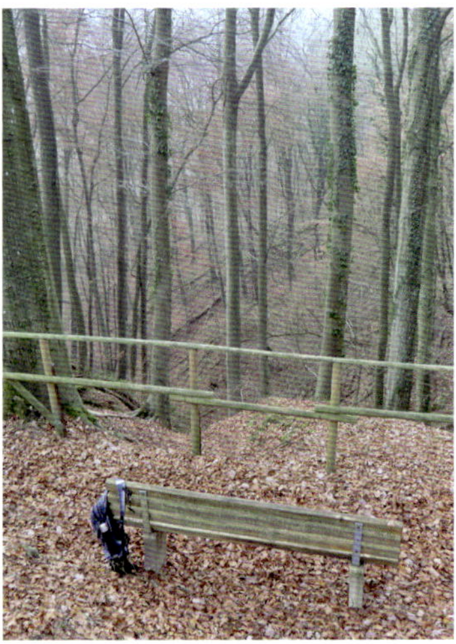

Nach der Besinnung wird es jetzt richtig spannend. Am oberen Teil einer Schlucht angekommen, steigen Sie über eine Treppenanlage hinab bis zu einer phänomenalen **Aussichtsplattform 2** mit einer Bank. Ihr Blick geht tief in die Schlucht hinein, deren Grund von Totholz bedeckt ist. Nach diesem Anblick wird es ernst! Auf schmalem, halsbrecherischem Pfad steigen Sie bis auf den tiefsten Punkt der Grät ab. Trittsicherheit ist hier von großem Vorteil. Sie begleiten das harmlose Rinnsal, das diesen mächtigen Graben wohl in einer stärkeren Version einmal erschaffen hat. Über eine steile Treppenanlage kämpfen Sie sich dann auf der anderen Seite der Schlucht heraus auf deren Anhöhe. Sie wandern kurz an einem Wiesenrand vorbei und steigen in den nächsten Graben hinab. Zur Abwechslung geht es jetzt einmal von unten nach oben aus dem Talgrund der Klamm heraus. Wieder verlassen Sie die Schlucht über eine schweißtreibende Treppenanlage. Sie steigen weiter steil bergauf, parallel zu der soeben durchquerten Grät, und kommen wieder zu einer **Aussichtsplattform ❸** mit zwei Bänken. Deutlich können Sie von hier aus die Einschnitte in den Buntsandstein erkennen.

Nach nur noch wenigen Höhenmetern öffnet sich der Himmel über Ihnen. Sie laufen am Waldrand entlang und genießen sicher die Helligkeit. Aber bald tauchen Sie wieder in den Wald ein. Vorbei an einer Schutzhütte geht es zunächst komfortabel auf einem breiten Waldweg leicht bergauf, bis Sie wieder auf schmalem Pfad im Dickicht verschwinden. Vorbei an einer Bank mit Aussicht über Rissenthal wandern Sie weiter. Linker Hand durch den Waldrand hindurch können Sie einige zum Greifen nah erscheinende, mächtige Windkraftanlagen sehen und ihr mahlendes Geräusch hören.

Hinter einer weiteren Liegebank mit Aussicht überqueren Sie eine beginnende, junge Grät und laufen dann parallel zu ihr bergab. Sehr gut können Sie beobachten, wie sie sich Meter für Meter tiefer in den Waldboden frisst und dabei auch deutlich an Breite gewinnt. Dies ist die sogenannte „Große Grät". In die mittlerweile mächtige Schlucht steigen Sie über einen abenteuerlichen Pfad

Windrad auf der Wahlener Platte

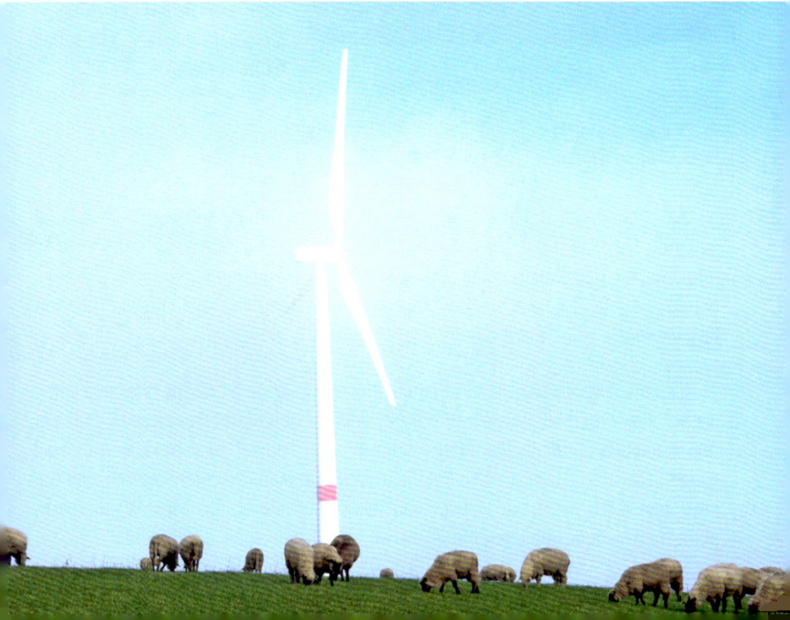

ab. Sie bleiben im Schluchttal und wandern bergab, bis die Grät sich wieder zu einem harmlosen Graben verjüngt. Sie verlassen die Rinne durch ein sumpfiges Waldstück, queren einen alten Steinbruch und gelangen auf einen komfortablen, asphaltierten Feldweg. Den nun frei werdenden Blick können Sie auf einer Bank genießen.

Wieder geht es bergab, parallel zu einer beginnenden, schmalen Grät. Auch sie wird immer tiefer und mächtiger. Sie lassen sie aber rechts liegen. Der Pfad führt Sie weiter durch einen lichten, jungen Wald. Hinter dem Wald erwartet Sie eine Liegebank mit weiter Sicht über Rissenthal hinweg. Nun beginnt der Abstieg durch die vorletzte Grät. Ausnahmsweise ist diese einmal mit nennenswerten Mengen an Wasser gefüllt. Beim Durchschreiten der Schlucht über ein Brückchen können Sie sogar einen **Wasserfall** 4 bewundern.

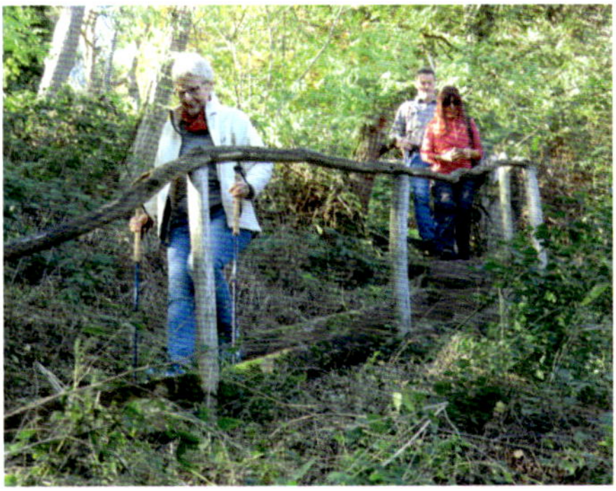

Hinab in tiefe Schluchten

Auf der anderen Seite begleiten Sie den immer mächtiger werdenden Graben. Hier können Sie auch eine geologische Besonderheit erkennen.

Am Grund der Schlucht liegt eine gebrochene Kalktuffterrasse, **Daufels** 5 genannt. Das kalkreiche Wasser bildete in langen geologischen Zeiträumen Kalktuff, ähnlich der Ihnen sicher bekannten Tropfsteinbildung, nur eben flächenmäßig. Durch die spätere Unterspülung brach das felsartige, poröse Gestein auseinander.

Genauso schnell wie die Grät entstanden ist, läuft sie an einem Wiesengelände wieder aus. Oberhalb der Wiesen biegen Sie links ab, vorbei an zwei Bänken, und erreichen nunmehr die letzte, kleinere Grät. Parallel zu dem kleinen Rinnsal steigen Sie weiter bergab. Die Schlucht wird zu einem feuchten Graben und Sie erreichen bald die ersten Häuser von Rissenthal und danach den Wanderparkplatz, neben dem sich auch ein attraktiver Kinderspielplatz befindet.

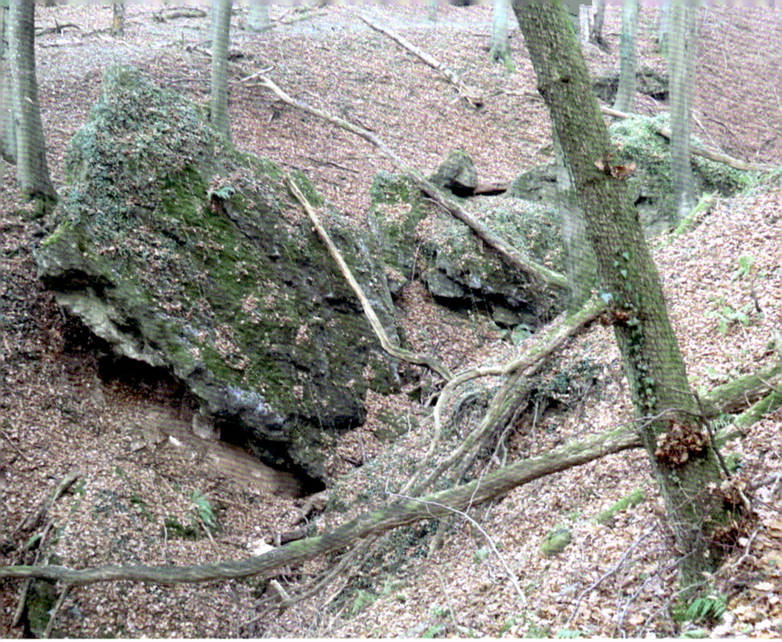

Der Daufels

Nach dieser anstrengenden, aber erlebnisreichen Tour haben Sie sich eine Schlussrast verdient (Öffnungszeiten beachten!):

- ✕ Das Gasthaus Zur Linde liegt in der Nähe des Wanderparkplatzes. Es empfängt Sie im Sommer mit einem kleinen Biergarten. Auf dem Speiseplan stehen Hähnchengerichte. Rissenthaler Str. 16, 66679 Losheim am See-Rissenthal, GPS N 49°28.060' E 006°45.229', ☏ 068 32/18 47, Mo-Mi und Fr 11:00-14:00 und 16:00-Ende, Do 16:00-Ende, Sa 11:00-Ende, So 10:00-14:00 und 17:00 bis Ende
- ♦ Das Café und Bistro Bauernstübchen liegt ebenfalls in der Nähe des Wanderparkplatzes. Es bietet Ihnen Eis, kleine Gerichte und Kuchen. Rissenthaler Str. 26, 66679 Losheim am See-Rissenthal, GPS N 49°27.994 E 006°45.250, ☏ 068 32/664 94 04 und 01 63/168 36 14, Mo-Fr 6:00-11:30, Sa 6:30-12:30 und 17:30-Ende, So 7:00-11:30 und 14:00-18:00

8 Auf den Schaumberg

Kurze Tour für Freunde weiter Aussichten

Diese kurze Tour führt Sie zunächst um den Schaumberg, den höchsten Berg des Saarlandes, herum an seine Nordseite. Von dort genießen Sie auf einem langen und ebenen Panoramaweg die ausgedehnte Weitsicht. Vorbei an der Afrikakapelle und einigen interessanten Kunstobjekten geht es dann wieder steil bergauf zum Schaumbergplateau mit seiner phänomenalen Aussicht über das ganze Saarland.

Start/Ziel: zentraler Parkplatz in der Ortsmitte von 66636 Tholey, Sporstraße 4, GPS N 49°28.921' E 007°2.006'

5,6 km

1 Std. 45 Min.

190 m/190 m

376-568 m

Markierung „Kochmütze auf weißem Grund" fast durchgängig, kurze Abweichung hinter der Afrikakapelle (☞ Wegbeschreibung)

schmale und breite Wege, die z. T. beim Hinabgehen bei Nässe rutschig sein können

Einkehrmöglichkeit auf dem Schaumbergplateau (km 3,6)

zahlreiche Rastbänke

Auf der kurzen Tour werden Kinder mit Spiel- und Kletteranlagen auf dem Schaumbergplateau belohnt. Ein weiterer Anreiz könnte der Besuch des benachbarten Erlebnisbades sein.

Die Tour ist für Buggys nicht geeignet. Allerdings gibt es eine tolle Alternative: Sie parken auf dem Parkplatz Am Schaumberg, 66636 Tholey (GPS N 49°29.368´ E 007°1.899´) und umrunden den Schaumberg auf dem gekennzeichneten „Herzweg". Über den gut befestigten Weg schieben Sie Ihren Buggy 2,8 km fast gleichmäßig auf ca. 500 m Höhe.

Unterwegs werden Sie keine Wasserstellen finden. Allerdings kann Ihr Hund bei der kurzen Tour auf dem Schaumbergplateau vor der Schaumbergalm aus einem aufgestellten Hundenapf trinken. In die Alm hinein darf er allerdings nicht.

P kostenloser Parkplatz am Start/Ziel

Ab „St. Wendel Bahnhof" fahren Sie mit dem Bus Nr. R4 bis „Tholey, Rathausplatz". Von dort sind es 3 Min. Fußweg zum zentralen Parkplatz in der Sporstraße 4. Busse verkehren stündlich.

Schon wenn Sie aus Ihrem Auto aussteigen und Ihren Blick schweifen lassen, entdecken Sie hoch über sich den Schaumbergturm, Ihr heutiges Etappenziel. Auf dem Gipfel des nördlich vor Ihnen liegenden Berges ragt er massiv aus den Wipfeln der Bäume.

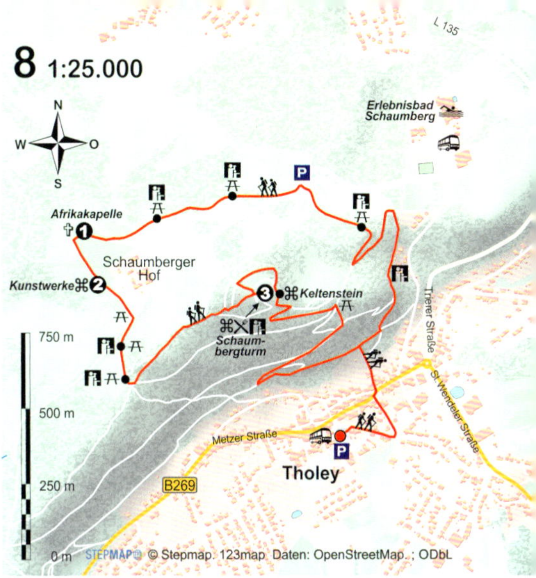

Sie suchen nach der Wegmarkierung „Kochmütze auf weißem Grund“ und folgen dieser stadtauswärts. Diese Markierung wird Sie zunächst bis zur ✝ Afrikakapelle (km 2,5) begleiten. Hinter den letzten Häusern geht es steil bergauf, zuerst durch einen Hohlweg, dann über einen kurzen Treppensteig. Sie treffen auf einen breiten Weg, auf den Sie rechts einbiegen (km 0,5). Schon nach 100 m führt die Markierung Sie links ab auf einen Pfad steil bergauf durch einen lichten Laubwald. Unter Ihnen liegt die Stadt Tholey. Mal eben, mal aufsteigend macht der Pfad eine Linksbiegung, und plötzlich erkennen Sie durch den lichten Bewuchs den jetzt doch schon näher gekommenen Schaumbergturm vor sich. Sie biegen aber gemäß der Markierung rechts ab (km 1,2) und folgen dem breiten, ebenen Weg. Schon bald öffnet sich der Wald und Sie haben eine

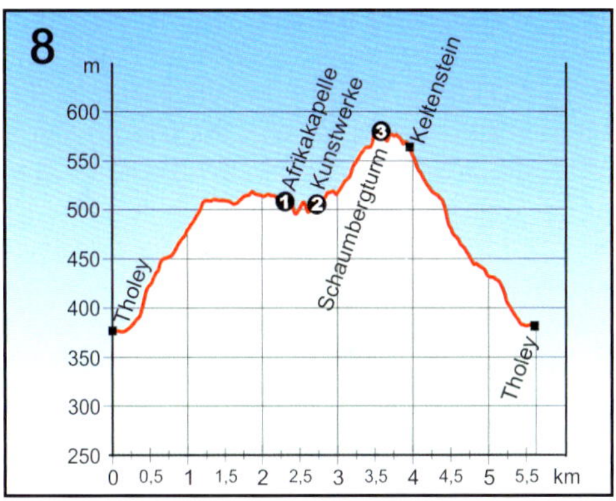

weite Sicht über die vor Ihnen liegende Hügellandschaft. Diese können Sie auf einer Bank bei km 1,4 genießen. In nordöstlicher Richtung entdecken Sie in ca. 400 m Entfernung mitten in der Natur ein Gebäude mit seltsamen blauen Röhren: das Erlebnisbad Schaumberg mit seiner Außenrutschbahn.

☺ Machen Sie Ihren Kindern ein Vergnügen und besuchen Sie nach der Wanderung das Erlebnisbad Schaumberg. Wenn Sie den Weg im Winter gehen, können Sie sich auch selbst eine Freude machen und die römische Sauna des Bades genießen.

Zum Erlebnispark 1, 66636 Tholey, ☎ 068 53/91 11-0, www.das-erlebnisbad.de, Mo 15:30-22:00, Di, Mi und Do 10:00-22:00, Fr 10:00-23:00, Sa und So 8:30-20:00

Bei km 1,6 überqueren Sie die Zufahrtsstraße zum Schaumberg. Jetzt befinden Sie sich auf einem herrlichen, eben verlaufenden Panoramaweg mit ausgedehntem Blick weit über das St. Wendeler Land. Nach ca. 1 km hören Sie ein deutliches Rauschen und sehen vor sich ein mächtiges Windrad. Ein paar Meter hinter dem 50 m hohen Riesen stehen Sie auf einem kleinen Plateau vor der ✝ **Afrikakapelle** ❶ (km 2,5).

✝ Auffälligstes Merkmal der Afrikakapelle ist ihr siebeneckiger Grundriss. Mit den sieben Pfeilern, die über das zeltartige Dach hinausragen, erinnert die Architektur an eine Dornenkrone. Der Bau der 1958 fertiggestellten Kapelle geht auf ein Gelübde deutscher, in Afrika inhaftierter Kriegsgefangener aus dem Zweiten Weltkrieg zurück. Die tönerne Pieta auf dem Altar der Kapelle wurde damals von einem Gefangenen in Marrakesch modelliert.

Kurz hinter der Kapelle stoßen Sie auf einen breiten Weg. Sie folgen jetzt nicht mehr der Markierung „Kochmütze auf weißem Grund", sondern biegen links ab. Ich möchte Ihnen nämlich noch etwas Kultur anbieten.

Auf den nächsten 300 m flanieren Sie auf breitem Weg an mehreren Kunstwerken ❷ vorbei. Sie entdecken ein Baumcollier, eine Brücke als Botschafter, neun zusammengezurrte Eschen und einen Kraftort. Die Objekte sind Teil des Symposiums „Gipfelkunst am Schaumberg". Sie setzen sich mit dem Verhältnis des Menschen zu seiner Natur und seiner Landschaft auseinander. Am Ende des Weges werden Sie mit einer Liegebank mit der gewohnten Weitsicht belohnt.

Die Kreuzung am Ende dieser Kunstmeile überqueren Sie geradeaus und folgen ab hier bis zum Ende der Rundtour wieder der Markierung „Kochmütze auf weißem Grund“. Bei km 3 ist der Müßiggang zu Ende; Sie biegen an einem steinernen Wegkreuz links in den Wald ab. Der verschlungene Pfad führt Sie mal steil aufwärts, mal leicht abwärts, bis Sie bei km 3,5 durch die Vegetation die mächtigen Umrisse des nun dicht über Ihnen liegenden Schaumbergturms sichten.

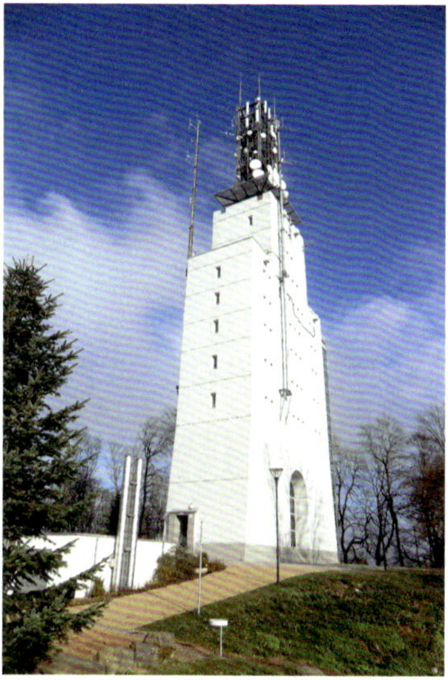

Der Schaumbergturm

Sie finden sich auf einem weiten Gipfelplateau inmitten von Biergärten und Kinderspielplätzen wieder. Erst dahinter erblicken Sie jetzt den weißen Turm ❸ in seiner ganzen Größe.

⌘ Auf dem 568 m hohen Berg erhebt sich der 52 m hohe **Schaumbergturm** mit zahlreichen Sendeanlagen. Der Turm stellt eine deutsch-französische Begegnungsstätte dar. Er wurde in den 70er-Jahren des letzten Jahrhunderts auf den Resten einer Kriegergedächtniskapelle aus den 30er-Jahren aufgebaut. Eine Aussichtsebene und mehrere Ausstellungsetagen (Themen: Klimaschutz, deutsch-französische Beziehungen) können Sie über eine Treppe oder einen Aufzug zu einem Eintrittspreis von nur € 1 erreichen.

♦ ☏ 068 53/502 00 90, www.mein-schaumberg.de

Aber das eigentliche Highlight des Schaumberges ist seine ebenerdige Aussichtsplattform, die an den Skywalk des Grand Canyon erinnert – na ja, vielleicht eine Nummer kleiner! Sie können hier gefühlt „ins Leere“ treten und die phänomenale Aussicht von Saarlands höchstem Berg genießen: Im Westen blicken Sie in den Saargau und darüber hinweg erkennen Sie auch die Wasserdampffahnen des französischen Kernkraftwerkes Cattenom an der Mosel. Im Süden entdecken Sie die Landeshauptstadt und bei guter Fernsicht sogar die Vogesen.

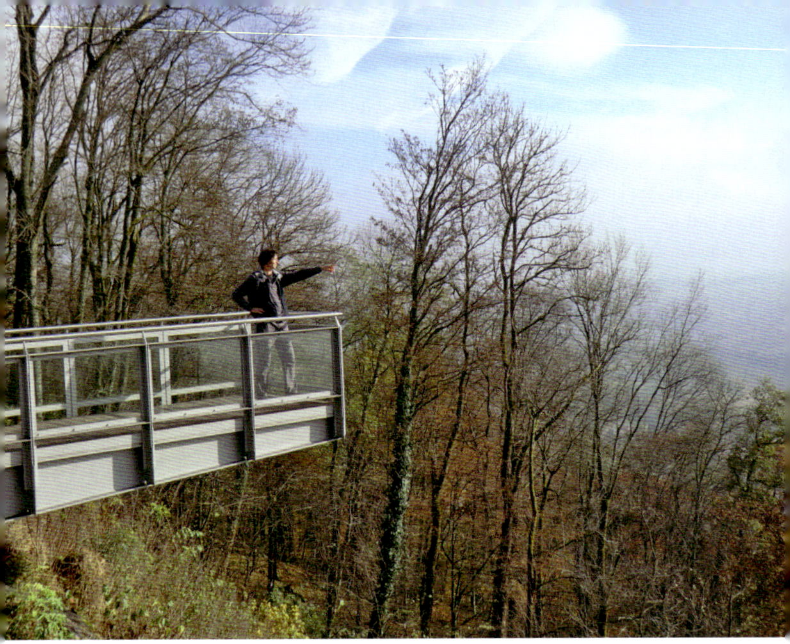

Der Skywalk

Nun ist es aber Zeit zur Einkehr in das höchstgelegene Lokal im Saarland – die Schaumbergalm.

✕ Die Schaumbergalm bietet sowohl aus dem Gastraum als auch von der Terrasse eine tolle Aussicht. Die Speisekarte offeriert deftige Gerichte. ☏ 068 53/961 83 33, 💻 www.schaumbergalm.de, 🚪 tägl. ab 10:00, 1.4.-31.10. bis 22:00, 1.11.-31.3. bis 20:00. 🐕 Hunde sind nur auf der Terrasse erlaubt, bekommen dort aber einen Wassernapf angeboten.

Sie verlassen das Plateau in nordwestlicher Richtung über die asphaltierte Zugangsstraße bergab. Schon nach einigen Metern führt Sie die Markierung über einen Wall rechts ab. Der Wall und der davor sichtbare Graben sicherten die flachere Seite des Schaumbergplateaus ab dem 7. Jh. gegen feindliche Angriffe. Sie umrunden das Plateau und plötzlich versperrt Ihnen fast ein ca. 3 m hoher Felsbrocken den Weg – der ⌘ Keltenstein (km 4).

Die gruselige Geschichte des Monumentes: Es diente den Kelten einst als Opferstein. Die heitere: Heute wird der Fels auch als Klapperstorchstein bezeichnet. Eltern, die sich noch ein zweites Kind wünschen, lassen ihr Erstgeborenes um den Stein laufen und dabei „Klapperstorch du Guter, bring mir einen Bruder" singen. Das funktioniert natürlich auch für Wunschmädchen. Dann lautet der Reim „Klapperstorch du Bester, bring mir eine Schwester".

Der Klapperstorchstein

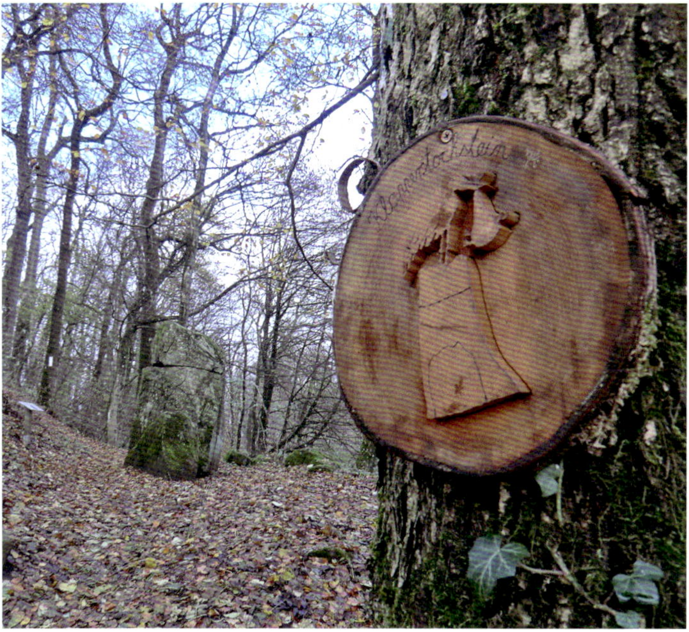

Von nun an geht es bergab. Teils über eine steile Stiege, teils über eine lang gezogene Serpentine erreichen Sie bei km 5,1 die Stelle, an der Sie aus der Stadt aufgestiegen sind. Noch 500 m und Sie stehen wieder auf dem Parkplatz am Startpunkt.

9 Litermont-Gipfel-Tour

Tour für erlebnissuchende Wanderer, die ein tolles Gipfelambiente erwartet

Dieser Wanderweg ist eine Tour der Superlative. Er wurde 2007 als schönster Wanderweg Deutschlands prämiert. Bevor Sie unter dem Gipfelkreuz die sensationelle Aussicht über das Saartal genießen können, lernen Sie ein Froschparadies kennen und passieren einen Wildpark. Sie durchwandern Feuchtgebiete und märchenhafte Schluchten, erklimmen abenteuerliche Felsformationen und können auf einer malerischen Waldlichtung picknicken.

Start/Ziel: großer Wanderparkplatz am nördlichen Ende der Etzelbachstraße in 66809 Nalbach, GPS N 49°23.916' E 006°47.164'

10 km

3 Std.

245 m/245 m

256-414 m

durchgängig gut durch das lilafarbene Weglogo „Traumschleifen Saar-Hunsrück Litermont Gipfel-Tour" gekennzeichnet

sehr kurzweiliger Wechsel zwischen Pfaden und Wald- und Wiesenwegen

Hotel-Restaurant Litermont am Anfang bzw. Ende der Wanderung neben dem Wanderparkplatz

zahlreiche Ruhebänke und Picknickplätze

Froschparadies, Wildpark und Kletterpassagen – das sind nur einige der vielen Highlights, die diese Tour für Kinder besonders interessant machen. Darüber hinaus können sich Ihre Sprösslinge auch noch an Kinderklettergerüsten austoben, die an den Picknickstellen bei km 4,6 und km 9,2 aufgebaut sind.

Die Tour ist für Buggys nicht geeignet. Das Gipfelkreuz mit seiner grandiosen Aussicht ist allerdings über den Wanderparkplatz Am Grauen Stein in 66701 Düppenweiler (GPS N49°24.262' E006°46.966') über breite Waldwege auch für Buggys erreichbar (hin und zurück ca. 1 km).

Wasserstellen sind genügend vorhanden. Allerdings rät Ihnen „Der Bürgermeister als Ortspolizeibehörde" auf einem Schild, Ihren Vierbeiner bei herannahenden Personen anzuleinen. Aber das würden Sie sicher auch ohne diesen Hinweis tun.

P kostenpflichtiger Parkplatz mit Parkuhr oberhalb von Nalbach am Start/Ziel

Ab „Dillingen Bahnhof“ fahren Sie mit dem Bus Nr. 401 bis „Nalbach, Kirche“. Von dort gehen Sie die Etzelbachstraße bis zum nördlichen Ende, ca. 2,5 km. Busse verkehren halbstündlich.

Oberhalb des Hotel-Restaurants Litermont nehmen Sie den Waldweg in Richtung Nordosten.

Hotel-Restaurant Litermont, regionale Küche mit frankophilem Einschlag, 068 38/515 50, www.hotel-restaurant-litermont.de, tägl. 8:00-22:00, Wanderer mit Hunden willkommen, Kindergerichte

In einem lichten Laubwald überqueren Sie bei km 0,4 über einen kleinen Steg den Quellbereich des Etzelbaches. Kurz darauf finden Sie sich vor einem mächtigen Abgrund wieder – der Einstieg in das **Froschparadies ❶**. Bevor Sie den Abstieg in Angriff nehmen, können Sie die weite Aussicht über das Primstal genießen. Unten angekommen finden Sie sich in einem Biotop wieder. Ein befestigter Holzweg führt Sie durch die zum Teil sumpfige Landschaft einer ehemaligen Sandgrube. Von den gut getarnten Fröschen ist nichts zu sehen, aber ab und an etwas zu hören. Nach einem kurzen Aufstieg durch den Wald können Sie auf einer bequemen Liegebank nochmals die Aussicht über das Biotop und das Primstal auf sich wirken lassen.

Sie folgen der Wegführung durch den Laubwald, bis sich bei km 1,6 eine Lichtung auftut, auf der Sie eine Mariengrotte erwartet. Kurz danach überqueren Sie eine Landstraße und tauchen für kurze Zeit in einen dunklen Nadelwald ein. Über Holzwege und kleine Stege durchqueren Sie ein Feuchtgebiet. Neben Ihnen gurgelt der noch junge Piesbach. Bei km 2,5 entdecken Sie rechter Hand hinter einigen Büschen ein Gehege mit Damwild, worüber sich mitwandernde Kinder sicher freuen werden. Einen Zugang zu dem privaten Wildpark

Die Schweinetränke

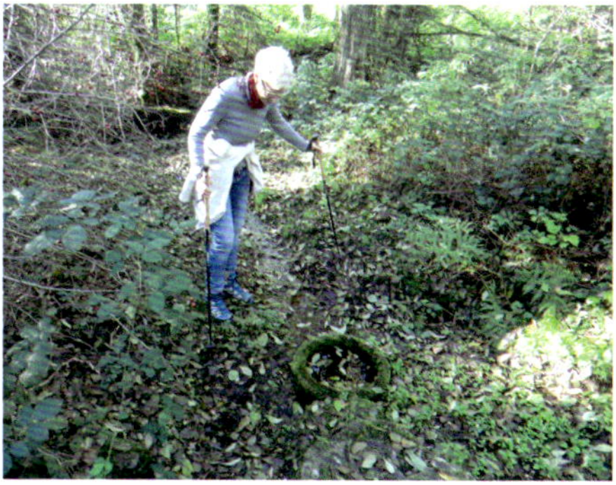

gibt es leider nicht. Nur wenige Meter weiter befindet sich neben dem Weg ein Schweinsborn ❷, eine ehemalige Schweinetränke.

Sie verlassen den Piesbach, steigen durch einen lichten Laubwald kurz auf, passieren bei km 2,7 auf einer kleinen Lichtung eine einladende Picknickstelle und werden dann über Treppen und Stege durch ein wildromantisches Tal geführt. Stetig bergauf passieren Sie im Wald einige Bienenstöcke, bis Sie sich plötzlich in einer weiten Wiesenlandschaft wiederfinden (km 3,5). Die Landschaft ist „künstlich". Sie wird von Verbuschung freigehalten – das Resultat einer Naturschutzmaßnahme. Eine Liegebank lädt dazu ein, den Blick schweifen zu lassen. Es folgen einige Streuobstwiesen, bis Sie an einem überdimensionalen Insektenhotel wieder in den lichten Wald eintauchen. Der Pfad wird schmaler und der Wald dunkler. Nach einem kurzen Abstieg an einem gesprengten Westwallbunker vorbei gelangen Sie auf eine große Lichtung mit Picknickbänken, Schutzhütte, Grillplatz, Wasserstelle und Kinderklettergerüst – was will man mehr für eine Rast auf halber Strecke nach 4,6 km!

Jetzt wird es wieder wildromantisch. Sie steigen ab, vorbei an einer Wassertretanlage, und durchqueren eine wunderschöne Schlucht, bis es wieder aufwärts auf eine helle, breite Lichtung geht. Sie überqueren eine schmale Landstraße. Im lichten Laubwald wandern Sie weiter entlang eines Grabens, überqueren einen

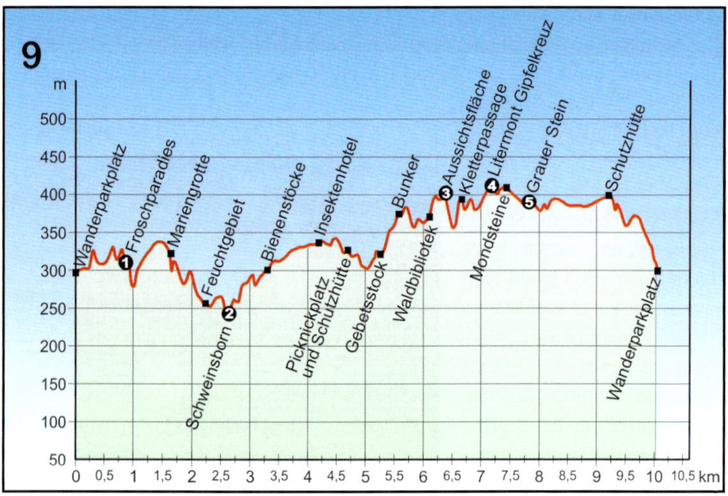

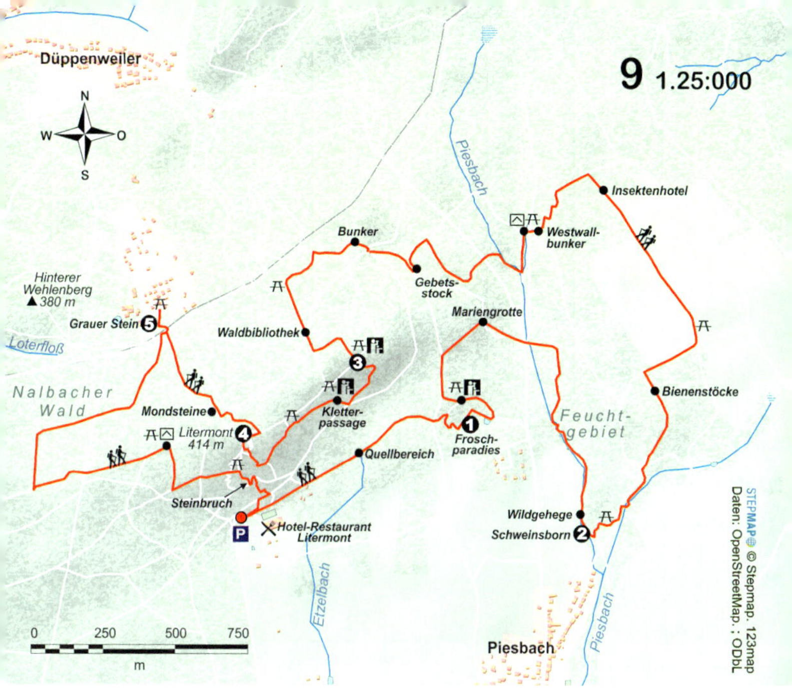

kleinen Tümpel und tauchen wieder in einen dichteren Wald ein. Nach der Passage durch zwei kleine Schluchten mit Treppen und Holzsteg stehen Sie unvermittelt mitten im Wald vor einem kleinen, umzäunten Gebetsstock (km 5,3).

Sie wandern an einem gesprengten Westwallbunker vorbei. Im weiteren Verlauf erkennen Sie immer wieder von der Vegetation fast verschlungene Schützengräben und mächtige Bombentrichter. Kaum zu glauben, dass in dieser traumhaften Landschaft einst so viele Mensche ihr Leben lassen mussten – für nichts und wieder nichts.

Der Westwall erstreckte sich von der Schweizer Grenze bis nach Holland. Er wurde von den Nationalsozialisten nach der Wiederbesetzung des Rheinlandes von 1938 bis 1940 aus militärischen, aber auch propagandistischen Gründen errichtet. Bunker, Stollen, Panzersperren und Schützengräben sollten die 630 km lange Verteidigungslinie sichern. Wegen der enormen Konzentration der Arbeiten am Westwall wurde in der Bauphase die öffentliche und private Bauwirtschaft zwangsläufig lahmgelegt.

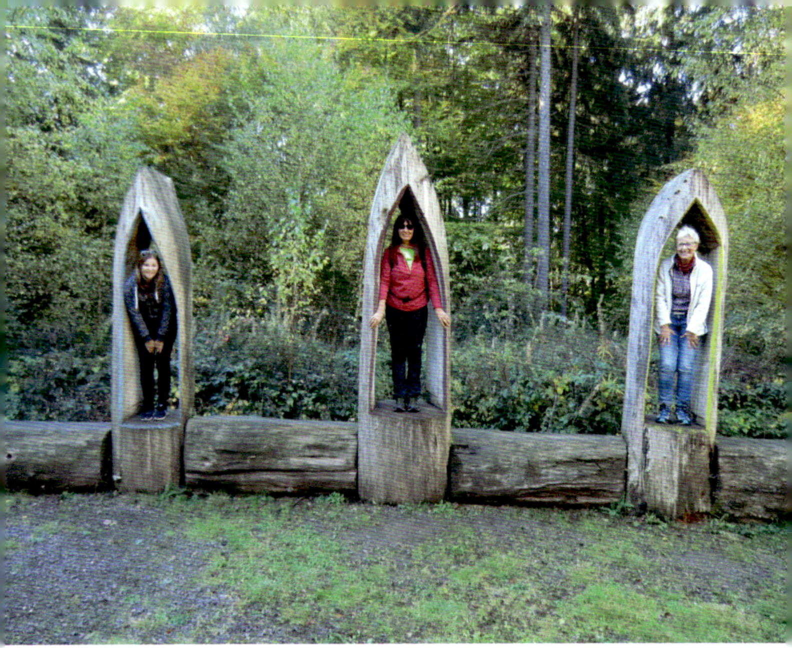

Die Waldbibliothek

Nach einer schönen ⛼ Picknickstelle (km 5,9) wandern Sie an der ⌘ Waldbibliothek vorbei – einigen Holzstelen, in die Sie sich für ein 📷 Foto hineinstellen können. Nach kurzem, heftigem Aufstieg öffnet sich plötzlich der Wald und Sie stehen unvermittelt auf einer Aussichtsfläche ❸ mit sensationellem Blick weit über das Primstal hinaus (km 6,3).

Vorbei an einem gesprengten Bunker geht es auf schmalem Pfad kurz bergab, dann wieder bergauf zum Felsensteig. Hier müssen Sie sich für ein kurzes Stück des Weges zwischen einer leichten Treppenvariante oder einem alpinen Steig mit Seilsicherung entscheiden. Spannender ist der alpine Steig. Schon nach wenigen Höhenmetern werden Sie mit einer ⛼ Ruhebank mit Aussicht oberhalb eines Felsens belohnt. Nach weiterem Aufstieg folgt ein kleines Plateau mit einer ⛼ Liegebank, die Ihnen ebenfalls einen weiten Blick in die Ebene bietet.

Jetzt geht es wieder steil bergab in den Wald, bis Sie unterhalb des Litermontfelsens auf einer kleinen Ebene stehen. ✋ Warnschilder weisen auf die Abbruchkante hin. Steil bergauf erklimmen Sie den Gipfel. Auf den letzten Metern müssen Sie sich wieder zwischen zwei Varianten entscheiden. Sie nehmen bestimmt den mit dicken Tauen gesicherten Steig und stehen in wenigen Minuten auf der Aussichtsplattform unter dem **Gipfelkreuz** ❹ (km 7). Endlich können Sie den herrlichen 180-Grad-Panoramablick weit über das Saartal genießen. Sie erkennen die Ensdorfer Bergehalde mit dem Saarpolygon, die Dillinger Hüttenanlage und am Horizont den Saargau vor Frankreich.

Nachdem Sie die Aussicht genossen haben, können Sie noch in unmittelbarer Nähe den Weidendom und die ⌘ optische Telegrafenstation bestaunen.

Das Gipfelkreuz

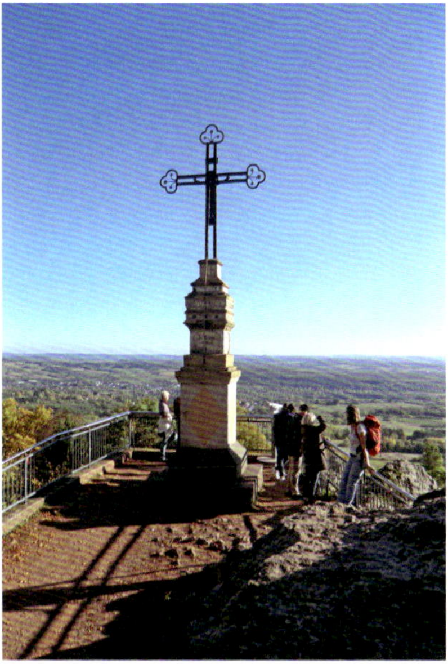

Der Weidendom ist ein lebendes Bauwerk aus Weidenbüschen. Unter dem 7 m hohen Dom können Sie sich – falls noch nicht geschehen – trauen lassen.

⌘ Die optische Telegrafenstation besteht aus einem Turm, auf dem sich mechanische Zeichengeber befinden. Die Station auf dem Litermont war Teil einer Telegrafenlinie von Metz nach Mainz, die Napoleon Anfang des 19. Jh. errichten ließ. Die Stationen mussten jeweils immer in Sichtweite voneinander erbaut werden.

Der sanfte Abstieg führt Sie durch einen Laubwald, vorbei an den Mondsteinen – kleinen bis großen, vermoosten Felsbrocken, die vor 260 Millionen Jahren durch vulkanische Aktivitäten entstanden sind.

Sie erreichen bei km 7,6 einen Waldparkplatz, hinter dem sich das Naturdenkmal Grauer Stein ❺, ein ca. 10 m hoher Felsen, befindet.

☺ Auf einer kleinen Wiesenfläche hinter dem Grauen Stein befindet sich, vom Trubel verschont, ein großer Tisch mit Bänken, der zum Picknick einlädt.

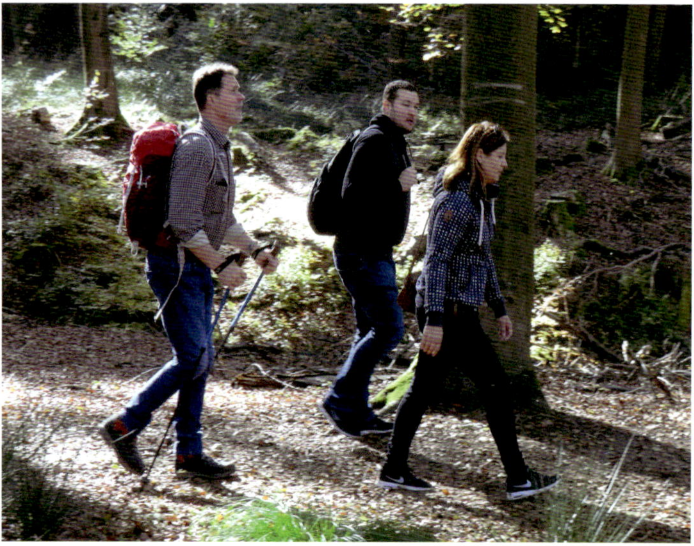

Sonnige Wälder – fröhliche Wanderer

Vom Parkplatz führt der Weg durch einen Buchenwald, bis Sie bei km 9,2 links im Wald eine ⌂ Schutzhütte mit ⊼ Picknicktisch und Kinderklettergerüst entdecken. 400 m weiter erreichen Sie wieder auf einem kleinen Plateau eine ⊼ Picknickstelle. Von hier aus führt links die „Himmelsleiter" auf direktem Weg zum Litermontgipfel hinauf. Sie steigen aber vorsichtig auf schmalem Steig rechts in die legendäre Teufelsschlucht ab und passieren einen mächtigen alten Steinbruch. Nach einem letzten kurzen, aber steilen Abstieg finden Sie sich oberhalb des ✕ Hotel-Restaurants Litermont wieder und sind somit am Ausgangspunkt der Wanderung angekommen.

Industriekultur und Natur im Süden

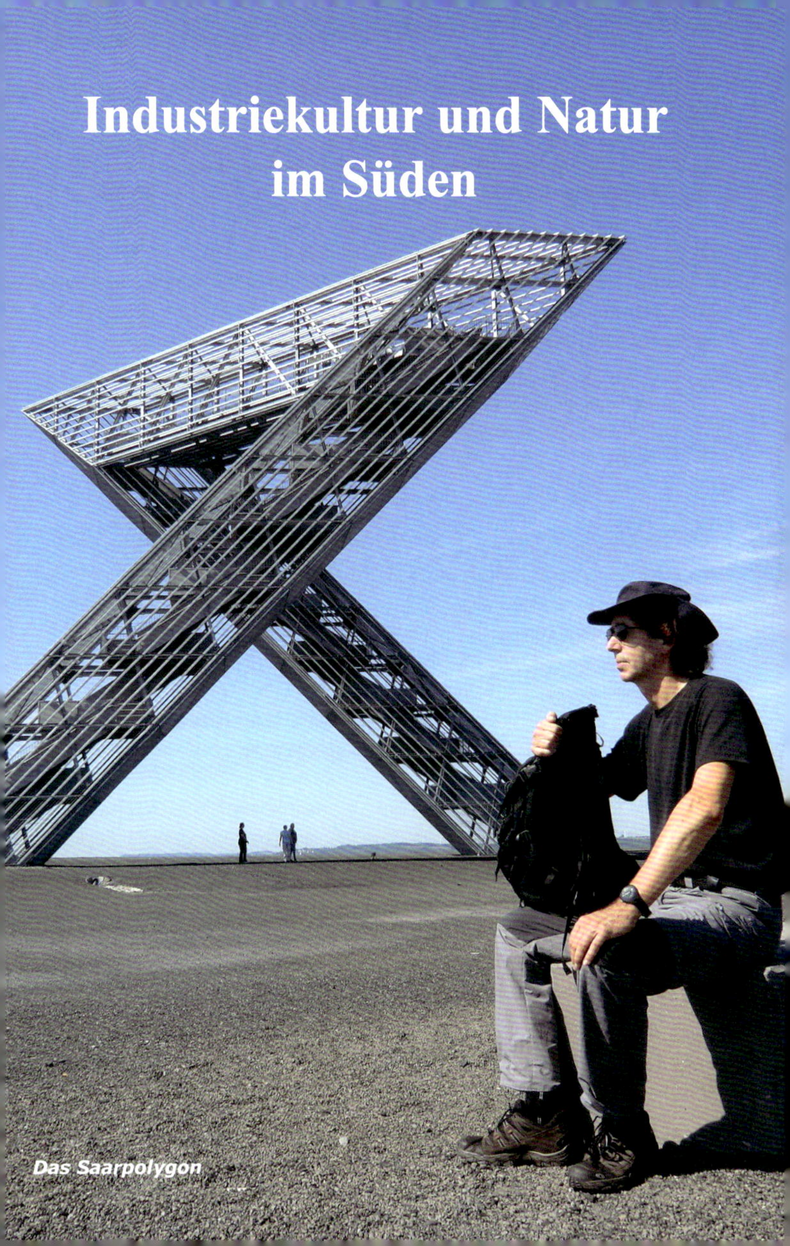

Das Saarpolygon

10 Das Panorama über dem Fischerberghaus

Tour für Liebhaber von weiten Aussichten

Diese Rundtour ist ein Geheimtipp für Naturliebhaber und führt Sie über den schönsten Panoramaweg des Saarlandes durch Streuobstwiesen und Weiden. Unterwegs können Sie in meinem Lieblingslokal einkehren, dem Fischerberghaus mit einem einzigartigen, grandiosen Ausblick über das obere Saartal.

Start/Ziel: Parkplatz am Reiterhof Margarethenhof in 66701 Beckingen in Verlängerung der Mühlenbachstraße, GPS N 49°24.276' E 006°41.935'

5,5 km

1 Std. 30 Min.

125 m/125 m

235-360 m

nur vom Fischerberghaus bis oberhalb des Margarethenhofes: grünes Blatt Beckinger Panorama-Höhenweg

überwiegend Panoramawege in meist offener Landschaft

Fischerberghaus (km 3)

Rastbänke bei km 4,2, km 4,4, und km 5,3

Diese kurze Wanderung mit tollen Aussichten und imposanter Einkehr ist auch für Kinder interessant. Die Rutschbahn am Fischerberghaus wird sie besonders motivieren.

Die Tour ist für Buggys nicht geeignet. Allerdings können Sie die Panoramaeinkehr Fischerberghaus von Beckingen-Saarfels aus über eine geteerte Straße mit etwas Steigung erreichen. Sie parken dort auf dem kleinen Parkplatz in der Barbarastr. 15-17 (GPS N 49°23.642' E 006°40.327'), laufen südwestlich in die Wendelinusstraße und dann in deren Verlängerung ortsauswärts Richtung Fischerberghaus (2 x 1,5 km, 100 m/100 m).

Trinkgelegenheiten gibt es nur zu Beginn der Wanderung unterhalb des Margarethenhofes in Form eines kleinen Baches neben der abfallenden Straße.

P kostenloser Parkplatz am Start/Ziel

Ab dem Bahnhof Beckingen (Saartalstrecke Trier–Saarbrücken) gehen Sie über die Bahnhofstraße ortseinwärts und links in die Talstraße. Vor der Pizzeria biegen Sie links in die Herrenbergstraße ein und erreichen die Rundwanderung bei km 2,3 unterhalb des Fischerberghauses.

Sie starten die Wanderung oberhalb von Beckingen am Reiterhof Margarethenhof. Schon von dort aus haben Sie einen schönen Blick über das Haustadter Tal. Sie gehen über den Pkw-Fahrweg 600 m wieder zurück und biegen dort bei der ersten Möglichkeit rechts auf den ebenfalls geteerten steilen Hangweg. Sie folgen dem Weg durch eine Linkskurve und biegen bei km 1,4 rechts ab. Während Sie durch Streuobstwiesen wandern, genießen Sie die weite Sicht über die Landschaft. Bei km 1,9 biegen Sie links und kurz danach wieder rechts ab.

☺ Auf diesem Teilstück können Sie ab Anfang Mai direkt am Wegrand wilde Orchideen (Gefleckter Knabenwurz) bewundern. Diesen sensiblen Standort teile ich mit Ihnen, weil ich davon ausgehe, dass Sie den Spruch „Nur gucken, nicht anfassen!" befolgen.

Bei km 2,3 gelangen Sie wieder auf einen geteerten Weg, in den Sie rechts einbiegen.

Panoramablick vom Fischerberghaus

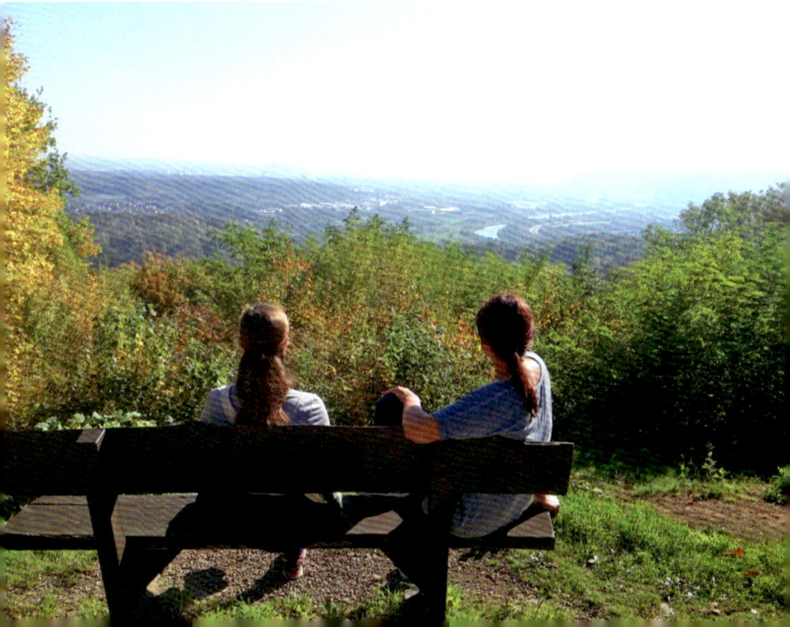

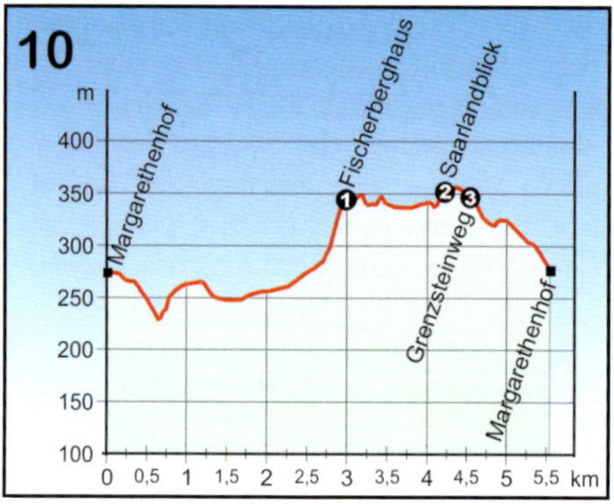

Nun müssen Sie tapfer sein. Um die versprochene Einkehr zu erreichen, stehen Ihnen auf den folgenden 700 m 80 Höhenmeter bevor. Im Wald wird die Steigung noch einmal gemein. Aber dann erreichen Sie den Höhepunkt der Wanderung, das ✕ **Fischerberghaus** ❶ (km 3). Sie finden sich – vermutlich völlig außer Atem – auf dessen Aussichtsterrasse wieder und werden mit einem grandiosen Panorama belohnt: Unter Ihnen breitet sich das Saartal aus. Rechts wird der breite Fluss durch den Saargau begrenzt, hinter dem sich die französische Grenze befindet. Geradeaus erkennen Sie die rauchenden Schlote der Dillinger Hütte. Links erstreckt sich das nördliche Saarland, Sie können bis zum Litermont und zum Schaumberg blicken (☞ Wanderungen Nr. 8 und 9). Natürlich ist das Saarpolygon in der Ferne auch zu erkennen (☞ Wanderung Nr. 11).

✕ Das 350 m hoch gelegene Fischerberghaus des Saarwaldvereins bietet Ihnen neben dem einzigartigen Panorama und einer typischen Wanderatmosphäre einen tollen Biergarten und eine einfache Küche. Kinder haben ihren Spaß an der tiefen Rutschbahn. Wendelinusstraße, 66701 Beckingen, GPS N 49°23.904' E 006°41.058', ☏ 068 35/601 80 67, Mo-Sa ab 15:00, So ab 11:00, Di Ruhetag

Nach einer zünftigen Einkehr geht es weiter. Sie laufen vom Biergarten aus rechts über den Parkplatz und nehmen an dessen Ende einen Pfad, der Sie nach 300 m auf den „Panoramaweg" bringt. Biegen Sie hier rechts ab und folgen Sie bis kurz vor dem Ende des Rundkurses der Beschilderung „grünes Blatt Beckinger Panorama-Höhenweg". Nomen est omen: Schon nach wenigen Metern eröffnet sich ein Ausblick über Wiesen und Streuobstflächen bis weit in die Hügellandschaft des Saarlandes. In offenem Gelände können Sie dieses phänomenale Panorama bis zum Ende der Wanderung genießen. Am **„Saarlandblick"** ❷ (km 4,2) erwartet Sie eine Liegebank, auf der Sie diese Eindrücke einmal in aller Ruhe auf sich wirken lassen können. Kurz darauf, hinter einer Kehre

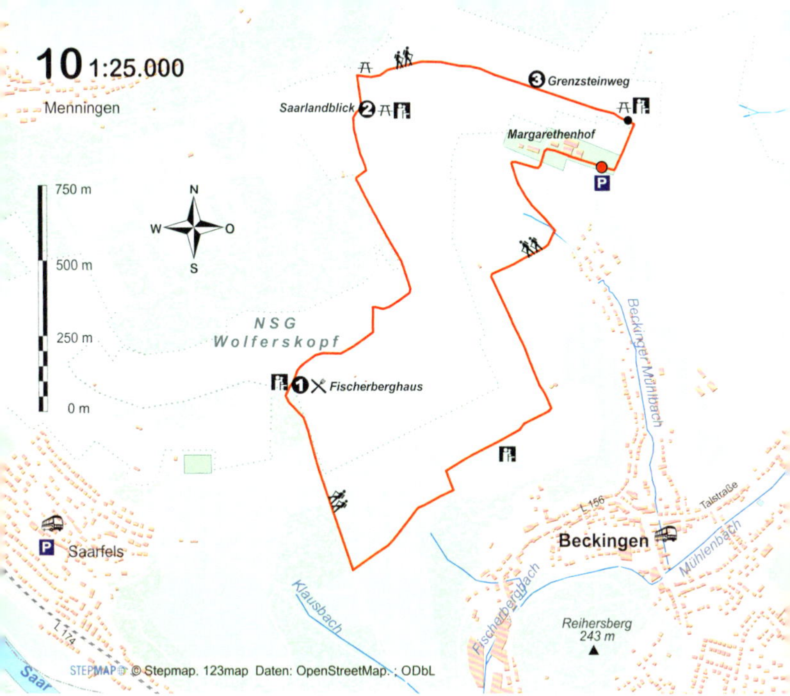

(km 4,4), überrascht Sie ein außergewöhnlicher Picknicktisch: Da der Saarländer gerne Kneipen besucht, hat er hier einen Tresen platziert: Sie sitzen auf erhöhten Stühlen an einem erhöhten Tisch und können bei einer kleinen Brotzeit die weite Aussicht über das Naturschutzgebiet Wolferskopf genießen. Auch an dieser Stelle blühen die Knabenkraut-Orchideen ab Anfang Mai bis an den Wegrand.

Das Naturschutzgebiet Wolferskopf ist eines der größten im Saarland. Die Waldlandschaft an den warmen Hängen des Haustadter Tals wurde in den letzten Jahrhunderten fast vollständig gerodet. Es entstanden Weiden, Äcker und Streuobstwiesen mit einer neuen Tier- und Pflanzenwelt wie z. B. Schmetterlingen und Orchideen. Da die Landwirtschaft in dieser Region zunehmend rückläufig ist, drohen die Flächen zu verbuschen. Durch naturverträgliche Landnutzung soll hier die vom Menschen geschaffene Kulturlandschaft mit ihrer wertvollen Fauna und Flora erhalten bleiben.

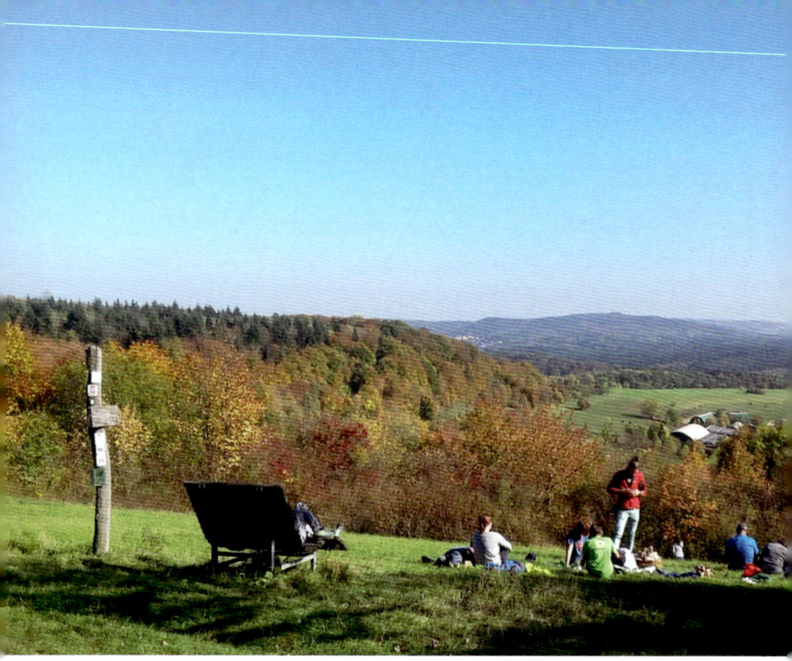

Picknick am „Saarlandblick"

Anschließend tauchen Sie in einen lichten Wald ein und wandeln mal wieder auf einem Grenzsteinweg ❸.

Dies ist die Grenze zwischen Frankreich und dem Kurfürstentum Trier, allerdings aus dem 18. Jh. In diesem Raum konkurrierten seit dem frühen Mittelalter immer wieder die regionalen Interessen von Luxemburg, Lothringen und Kurtrier miteinander. Sie entdecken hier noch einige Grenzsteine, die auf der südlichen Seite die französische Lilie und auf der nördlichen das kurtrierische Kreuz tragen.

Am Ende des Wäldchens verlassen Sie den Panoramaweg, genießen auf einer Bank noch einmal die schöne Aussicht und steigen rechts zum Margarethenhof ab, wo Ihr Auto steht.

11 Auf das Saarpolygon

Tour für Liebhaber der saarländischen Industriekultur und weiter Aussichten

Diese kurze, aber heftige Höhenwanderung führt Sie zu dem neuen Wahrzeichen des Saarlandes, dem Saarpolygon. Auf dem Weg dorthin lernen Sie die höchste Bergehalde des Saarlandes kennen. Überraschen wird Sie auch ein kleiner Weinberg, den Sie kurz vor der Mittelstation passieren. Während des Auf- und Abstieges und auf dem Hochplateau haben Sie eine gigantische Weitsicht über die gesamte Region.

Parkstreifen in der Prälat-Anheier-Straße 55 in 66806 Ensdorf,
GPS N 49°18.719' E 006°47.395'

5,2 km

1 Std. 30 Min.

140 m/140 m

188-328 m

keine Markierung

überwiegend breite Wege mit festem Untergrund

Einkehrmöglichkeit am Anfang bzw. Ende der Wanderung

ausreichend Rastbänke und Picknicktische vorhanden

Freibad Ensdorf nahe dem Start/Ziel

Der Höhepunkt der Wanderung ist auch das Highlight für die Kinder: die Besteigung des Polygons. Für kleine Kinder ist die Tour wegen des z. T. steilen Aufstiegs nicht geeignet.

Die Tour ist für Buggys bedingt geeignet. Die Wege sind zwar aus feinem, gewalztem Schotter (Brasche), der sich einigermaßen gut befahren lässt, wegen der z. T. starken Steigung sollte der oder die „Schieber/in" aber schon etwas kräftig sein. Für den Rückweg dürfen Sie auf keinen Fall die Steilpassage nehmen, sondern sollten unbedingt auf demselben Weg wieder absteigen, auf dem Sie aufgestiegen sind.

Das wenige Wasser, das Sie am Fuß der Halde vorfinden, würde ich schon allein wegen seiner Farbe keinem Hund zumuten. Laut Eingangsschild sollte Ihr Vierbeiner auch angeleint sein. Das Polygon selbst darf Ihr Hund nicht besteigen.

kostenloser Parkstreifen am Start/Ziel

Ab dem Bahnhof Ensdorf (Saartalstrecke Trier–Saarbrücken) sind es zu Fuß ca. 2 km: Sie gehen nach Norden auf der Straße An der Bahn bis zur Fußgängerunterführung, dann über Saarstraße und Provinzialstraße zur Prälat-Anheier-Straße und bis zum Startpunkt der Wanderung.

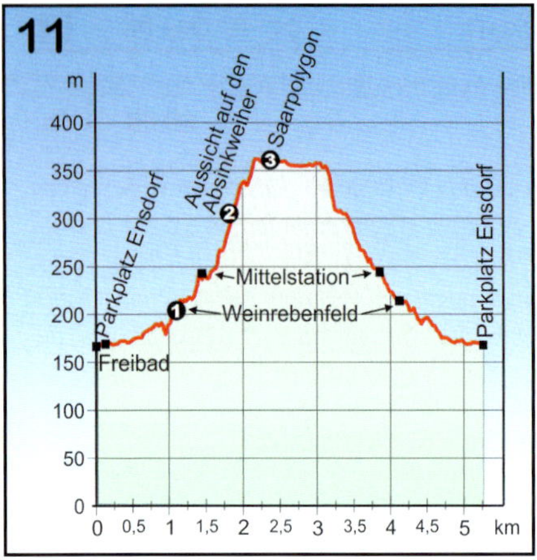

Vom Parkstreifen in der Prälat-Anheier-Straße gehen Sie die Straße in westliche Richtung zurück und passieren nach wenigen Metern den Eingang des Freibades Ensdorf.

Das Freibad Ensdorf stellt etwas Besonderes dar: Mit einer Wasserfläche von 125 x 50 m ist es das größte in Südwestdeutschland. Hier können Sie selbst bei Hochbetrieb noch in Ruhe Ihre Bahnen in Querrichtung ziehen. Das großzügige Freibad ist in den späten 1930er-Jahren in mehr oder weniger freiwilliger Eigenarbeit der Ensdorfer Bevölkerung unter den Nationalsozialisten entstanden. Die Bauzeit betrug lediglich acht Monate.

♦ ☏ 068 31/50 62 06, Mo-Fr 10:00-20:00, Sa und So 9:00-20:00

Sie biegen in die nächste Straße rechts ab (Im Sportzentrum) und erblicken oben auf der Bergehalde schon das bizarr anmutende Saarpolygon.

Die Bergehalde Ensdorf erhebt sich ca. 150 m über ihre Umgebung und ist im mittleren Saartal weithin sichtbar. Seit dem Anfang des 20. Jh. wurde hier überwiegend Bergematerial aus der Kohleaufbereitung abgelagert. Daher wird die Halde in naher Zukunft einmal ein Wahrzeichen für das dann vergangene Zeitalter der fossilen Energiegewinnung sein. Die lang gestreckte Halde ist lediglich zur Hälfte begrünt. Seit 2004 ist sie z. T. öffentlich zugänglich. Bei günstiger Witterung stürzen sich die „Haldenflieger" vom oberen Plateau in die Tiefe. Sie nutzen mit ihren Gleitschirmen die Aufwinde, die sich über dem von der Sonne erwärmten dunklen Haldenmaterial bilden. Mit dem Bau des Saarpolygons im Jahr 2016 wurde die Ensdorfer Bergehalde zum Publikumsmagnet.

Bei km 0,6 überqueren Sie vorsichtig auf einem Zebrastreifen die Landstraße und befinden sich dann am Fuß der Bergehalde. Sie folgen dem leicht ansteigenden Braschenweg, der aus fein gemahlenem Bergematerial besteht. Die Vegetation ist spärlich und wächst fast ohne Humusschicht. Bei km 1,1 halten Sie sich an der Wegkreuzung scharf rechts und stehen überraschend vor einem eingezäunten, kleinen Weinrebenfeld ❶.

99 Rebstöcke ließ der damalige Bergwerksdirektor Moritz Rauber bereits in den 1960er-Jahren hier einpflanzen. Er umging damit die strengen Regeln des Deutschen Weingesetzes, das ab 100 Stöcken greift. Das Ergebnis kann sich sehen lassen. Auf dem dunklen, mit Humus angereicherten Bergematerial reifen in Südlage Trauben für jährlich ca. 300 Flaschen Wein. Der originelle Name „Ensdorfer Sonnenflöz" steht für einen herben, gewöhnungsbedürftigen Genuss.

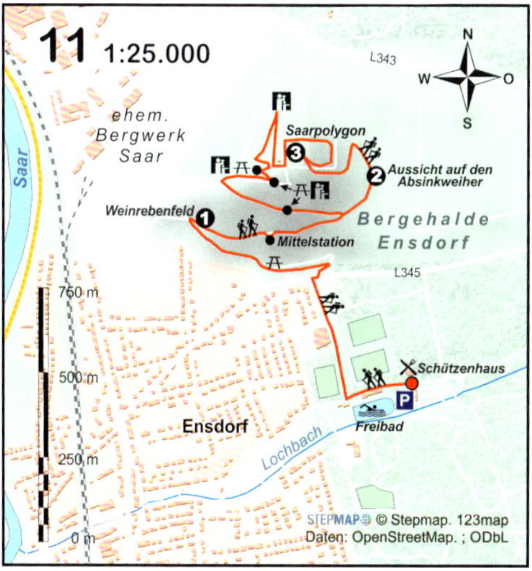

Wenige Meter weiter, nachdem Sie bereits 40 Höhenmeter erklommen haben, erreichen Sie die Mittelstation. Auf einer kleinen Ebene rechts vom Weg befindet sich neben der gelben Stahlplastik „Sonnenbogen" ein einladender Picknicktisch. Von hier haben Sie eine weite Sicht über die vor Ihnen liegende südliche Region. Zu Ihren Füßen können Sie den Bewohnern der Ortschaft Ensdorf in ihre Gärten schauen. Dahinter erkennen Sie den mächtigen Kühlturm des stillgelegten Ensdorfer Kohlekraftwerkes an der Saar. Am Horizont erhebt sich sanft der Saargau. Davor heben sich deutlich die Schlackenberge der ehemaligen Völklinger Hütte ab, die vom Volksmund liebevoll „Hostenbacher Alpen" genannt werden.

Die wechselnden Panoramaaussichten begleiten Sie nun den gesamten weiteren Aufstieg. Die Vegetation verschwindet und man hat den Eindruck, sich oberhalb der Baumgrenze zu bewegen – ein angenehmes Gefühl nach nur 60 m Aufstieg. An der Wegkreuzung bei km 1,7 gehen Sie geradeaus weiter. Weit unter Ihnen liegt nun ein gewaltiges, rechteckiges, trockengelegtes, schwarzes Becken – der ehemalige Absinkweiher ❷.

Blick auf den bedrohlichen Absinkweiher

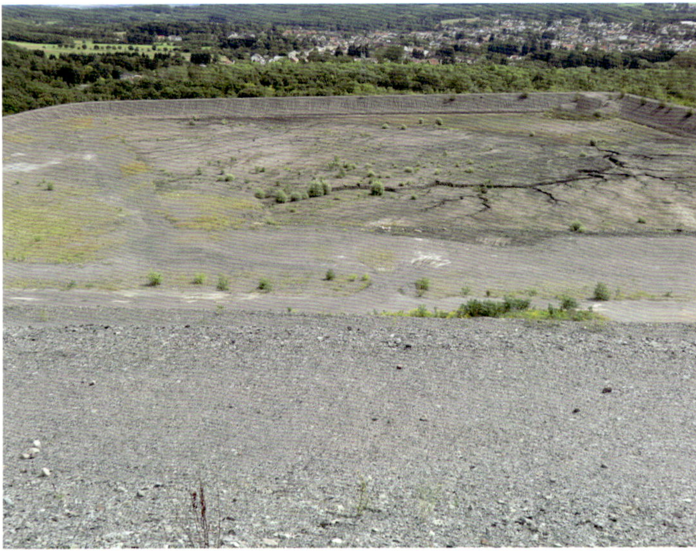

In den Absinkweiher wurde das Waschwasser der Kohleaufbereitung, die Trüben, eingeleitet. So füllte sich das Becken im Laufe der Zeit mit Schlamm. ✋ Wegen der Stoffe, die sich dort angesammelt haben, ist das Betreten des Absinkweihers streng verboten.

Der immer noch breite Weg, neben dem die aufwendige Entwässerung talwärts verläuft, windet sich nun nach links und wird richtig steil (50 Höhenmeter auf 200 m). Bei km 2,2 haben Sie das Plateau erreicht.

Wie ein riesiges Tor erhebt sich das ⌘ **Saarpolygon** ❸ vor Ihnen. Sie halten direkt darauf zu und können sogleich mit der Besteigung beginnen (☞ 📷 Seite 67) .

⌘ Die begehbare Stahlskulptur steht für 250 Jahre saarländischen Bergbau. Das 30 m hohe Saarpolygon wurde von seinen Architekten als Symbol des Wandels entworfen. Je nach Blickwinkel lässt es weithin sichtbar verschiedene Interpretationen zu: gekreuzte Schlägel und Eisen, ein Förderturm und das „Tor in die Zukunft". Die puristische Stahlgitterkonstruktion bildet eine Einheit mit dem bewusst karg gehaltenen, weiten Hochplateau aus grauem Bergematerial. Anlass für das Denkmal war das vorgezogene Ende der saarländischen Kohleförderung im Jahr 2012. Dieser Schritt wurde notwendig, nachdem eine schwere Erderschütterung infolge des Bergbaus im Jahr 2008 die Gefährdung der Bevölkerung deutlich gemacht hat.

Wenn Sie wieder festen Boden unter den Füßen haben, können Sie sich hier auf dem riesigen Hochplateau frei bewegen. Ich empfehle Ihnen einen Rundgang gegen den Uhrzeigersinn. Am östlichen Rand erblicken Sie hinter dem Absinkweiher die Ortschaft Hülzweiler. Gegen Norden über den breiten Entwässerungsgraben hinweg erkennen Sie die Saarlouiser Ortsteile Fraulautern und

Weite Blicke von der Bergehalde

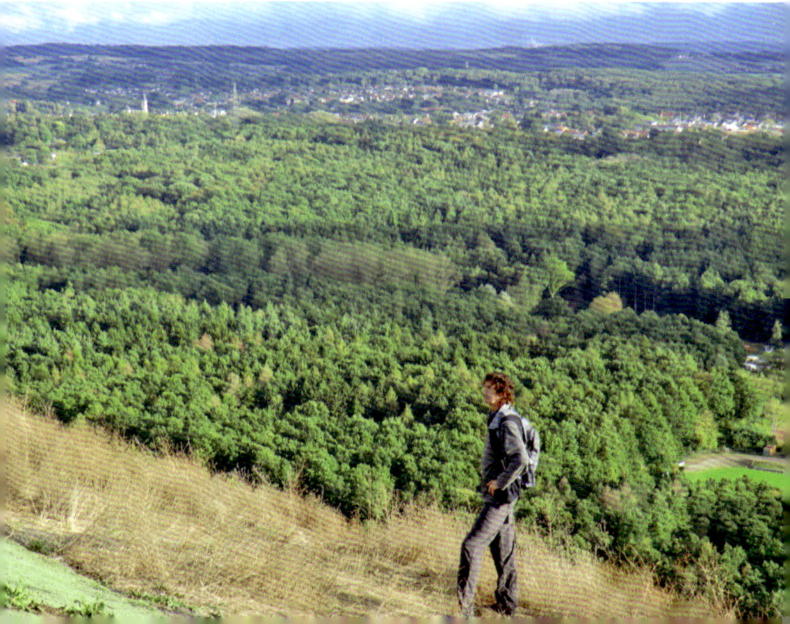

Steinrausch. Am Horizont erheben sich die Ausläufer des Hochwaldes. Am Entwässerungsgraben vorbei blicken Sie nach Westen. Zu Ihren Füßen erstreckt sich das ehemalige Bergwerksgelände. Dahinter umrundet die Saar die breiten Auenfelder, die von Lisdorfer Gärtnern bewirtschaftet werden. Über Saarlouis hinweg schauen Sie wieder in den Saargau.

Vor dem Abstieg empfehle ich Ihnen noch eine Rast auf den Liegebänken am südlichen Rand des Plateaus. Entspannt können Sie hier nochmals einen herrlichen Ausblick genießen. Daneben, mit dem gleichen Blick wie auf der Mittelstation, befindet sich auch ein Picknicktisch.

Von hier aus folgen Sie bitte dem Hinweisschild „RAG-Repräsentanz – Steiler Weg“ Richtung Westen. Sie gelangen nun auf eine extrem steile Passage, die zwar nur 100 m lang ist, es aber mächtig in sich hat.

Buggy- und Kinderwagenlenker können hier nicht absteigen. Ebenso sollten Sie diesen Weg nicht benutzen, wenn Sie nicht trittsicher sind oder kein rutschfestes Schuhwerk tragen. Dann sollten Sie besser denselben Weg wie beim Aufstieg benutzen.

Die Geübten unter Ihnen verlassen die Steilpassage nach 100 m bei km 3,2 nach links und wandern dann bequem durch die nun wieder vorhandene Vegetation bergab.

Sollte Ihnen die Steilpassage Spaß bereiten, können Sie auch weiter auf ihr absteigen. Nach ca. 200 m biegen Sie links ab und gelangen dann kurz vor dem Weinberg wieder auf den beschrieben Weg.

Der Abstieg führt Sie mit weitem Panoramablick gen Süden bei km 3,6 wieder zu der Kreuzung, die Sie bereits beim Aufstieg passiert haben. Von hier aus folgen Sie der Route vom Hinweg bis zum Parkplatz. Dort erwartet Sie noch eine Einkehrmöglichkeit, das Schützenhaus Ensdorf.

Das Schützenhaus bietet Ihnen im Sommer eine beschauliche Terrasse. Die Speisekarte offeriert bürgerliche und kroatische Küche und auch Kindermenüs. Im Außenbereich sollten Sie allerdings gehörmäßig „schussfest“ sein, wenn der örtliche Schützenverein hinter dem Haus seinen Aktivitäten nachgeht. Prälat-Anheier-Straße 55, 66806 Ensdorf, 068 31/540 77, www.schuetzenverein-ensdorf.de, Di-Sa 14:00-22:00, So 10:00-22:00

12 Über die Viktoriahalde

Tour für Liebhaber der saarländischen Industriekultur

Bei dieser Tour wandeln Sie auf den Spuren des ehemaligen Bergbaus. Sie entdecken mitten im Wald einen stillgelegten Schacht, wandern auf der Trasse einer ehemaligen Grubenbahn, durchstreifen ein Wohngebiet für Bergleute und erklimmen als Höhepunkt eine Bergehalde mit atemberaubender Aussicht.

- Start/Ziel: zentraler Parkplatz Am Burgplatz in 66346 Püttlingen, GPS N 49°17.170' E 006°53.079'
- 11,4 km
- 2 Std. 40 Min.
- 181 m/181 m
- 204-404 m
- keine Wegmarkierung
- Sie wandern überwiegend auf breiten, bequemen Wege, lediglich der Auf- und Abstieg der Halde führt Sie über steile Pfade, bei denen Trittsicherheit vonnöten ist.
- Einkehrmöglichkeiten am Anfang und am Ende der Tour
- Rastbank mit schöner Aussicht (km 4,8)
- Einkaufsmöglichkeit am Parkplatz
- Spannend für Kinder sind die Entdeckung des Annaschachtes und die Besteigung der Viktoriahalde.
- Die Tour ist für geländegängige Buggys geeignet, wenn Sie die Haldenbesteigung auslassen. Dazu gehen Sie am Absinkweiher geradeaus, bis Sie oberhalb der Tennisanlagen wieder auf die ursprüngliche Tour treffen.
- Der Köllerbach und der Absinkweiher stellen zwar Trinkgelegenheiten dar, sind aber beide schwer zugänglich.
- kostenloser Parkplatz am Start/Ziel
- Ab „Völklingen Bahnhof" fahren Sie mit dem Bus Nr. 190 bis „Püttlingen Burgplatz". Busse verkehren stündlich.

In dem Supermarkt am Parkplatz können Sie vor der Wanderung noch für ein Picknick einkaufen. Dann verlassen Sie den Parkplatz in westlicher Richtung, überqueren die Bahnhofstraße und betreten den hübschen Stadtpark von Püttlingen. In den zweiten möglichen Weg links biegen Sie ab, steigen eine kurze Rampe hinauf und befinden sich jetzt auf der ehemaligen Trasse der Köllertalbahn.

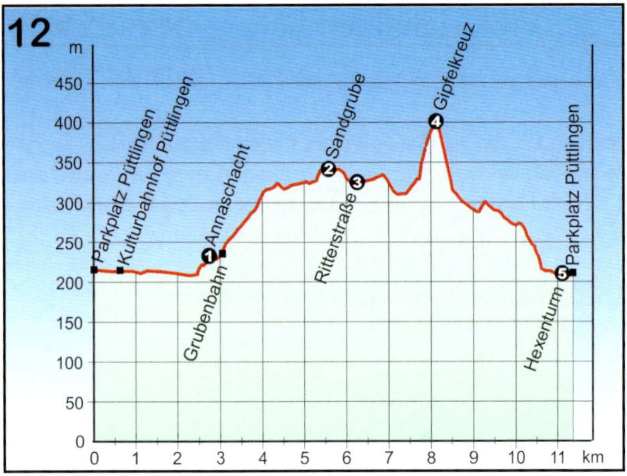

Die ehemalige Bahntrasse wurde 1911 in Betrieb genommen. Gebaut wurde sie ursprünglich, um Hüttenarbeiter und Bergleute der Region zu ihren Arbeitsplätzen zu bringen. Die Kohle- und Stahlkrise der 1970er-Jahre und der zunehmende Individualverkehr führten im Jahr 1985 zur Stilllegung des Personenverkehrs. Seit dem Rückbau erfreut sich die Trasse bei Wanderern und Fahrradfahrern zunehmender Beliebtheit.

Dem ehemaligen Bahndamm folgen Sie die nächsten 2,5 km. Bereits nach 500 m erreichen Sie eine attraktive Einkehrmöglichkeit, die Sie natürlich auch erst nach „getaner Arbeit" am Ende der Wanderung besuchen können.

Im Kulturbahnhof Püttlingen (☎ 068 98/636 37) können Sie nicht nur gut bürgerlich speisen. Das Kulturforum Köllertal e.V. (www.bahnhof-puettlingen.de) bietet in der ehemaligen Empfangshalle auch kulturelle Veranstaltungen an. Sehr originell ist außerdem der Biergarten über den ehemaligen Bahnsteigen. tägl. 11:00-14:30 und ab 17:00, Sa ab 17:00, Mo Ruhetag. Für den eiligen Wanderer gibt es auch noch einen Imbissstand (Mo-Fr 10:00-21:00, Sa und So 11:00-18:00).

Jetzt geht es ab ins Grüne. Die ehemalige Bahntrasse wird von Vegetation gesäumt und taucht schließlich in einen Wald ein. Sie verläuft mal in einer Schlucht, mal auf einem Damm. An und ab können Sie rechts unter sich den mäandernden Köllerbach beobachten, der malerisch parallel zum Bahndamm verläuft. Bei km 2,2 unterqueren Sie eine Brücke mit einer Pipeline. Kurz danach, bei km 2,5, müssen Sie aufmerksam den Blick nach links richten, um den kleinen Pfad zu entdecken, der Sie steil bergauf durch den Laubwald bis zu einem breiten Waldweg führt. Hier steigen Sie rechts ein und biegen nach wenigen Metern wieder links ab, den Berg hinauf.

Lust auf eine Entdeckung? Dann führe ich Sie über einen kleinen Abstecher zu einer industriehistorischen Rarität. Sie biegen nach wenigen Metern links ab und folgen dem breiten Waldweg ca. 100 m. Links im Wald entdecken Sie die Überreste des **Annaschachtes ❶**.

Der Annaschacht gehörte zum Bergwerk Gerhard. Hier fanden von 1876 bis 1931 Seilfahrten statt. Heute erinnert nur noch das ca. 5 m hohe Entlüftungsrohr an den verfüllten, ehemals ca. 240 m tiefen Schacht.

Sie kehren zurück auf den ansteigenden Waldweg, dem Sie ca. 1,5 km folgen. Auch hier kann ich Ihnen wieder ein Geheimnis verraten: Sie wandeln jetzt auf der Trasse einer ehemaligen Grubenbahn.

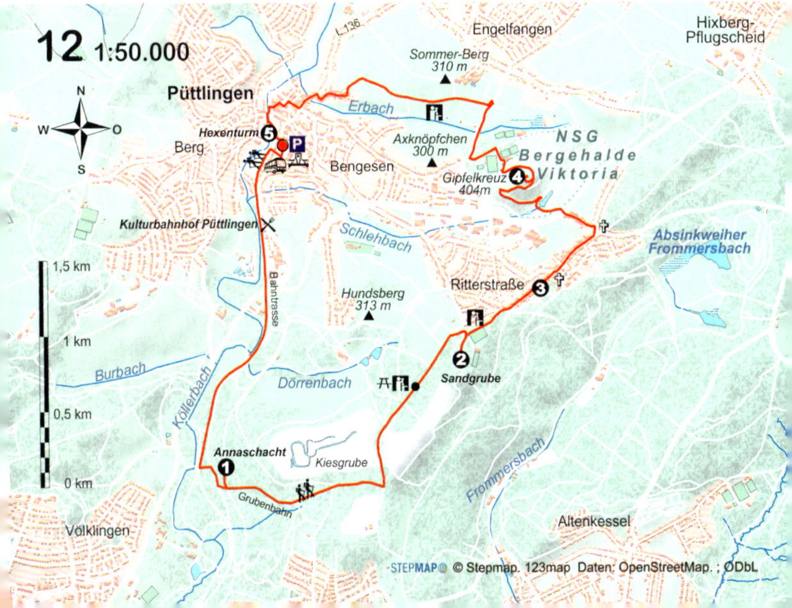

Die Grubenbahn Viktoria war von 1872 bis 1965 in Betrieb. Sie verband die Püttlinger Viktoriaschächte mit der Saartalbahn in Völklingen. Primär wurde mit der Bahn die geförderte Kohle transportiert. Es fand jedoch auch ein aus heutiger Sicht abenteuerlicher Personentransport statt. Den Kohlenwaggons wurden Personenwagen der 4. Klasse angehängt: fast ausschließlich Stehplätze, kein Fenster und keine Heizung. Die Kumpels hatten es eben nicht leicht!

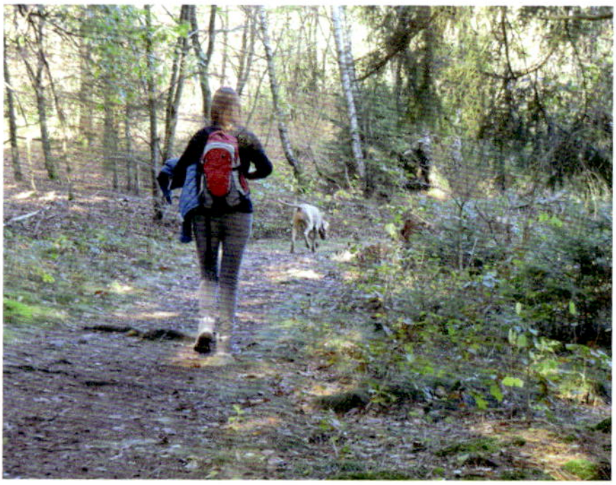

Am Fuß der Viktoriahalde

Immer geradeaus erreichen Sie bei km 4,1 eine asphaltierte Straße, in die Sie links einbiegen. Bringen Sie die nächsten 200 m an der Straße bitte zügig hinter sich und halten Sie Ihre Sprösslinge nahe bei sich und Ihre Vierbeiner an der kurzen Leine. Riesige Kieslaster verbreiten hier ab und an Staub und Krach, denn links von Ihnen befindet sich eine Kiesgrube. Der Spuk ist schnell vorbei. Sie folgen weiter der Straße geradeaus und erreichen bei km 4,8 eine Ruhebank mit schöner Aussicht in einen lichten Laubwald.

Wenn Sie links einen Friedhof sehen, biegen Sie den Berg hinauf rechts ab, bis Sie nach wenigen Metern einen Fußballplatz erreichen. Von hier aus können Sie scharf rechts einen kleinen Abstecher zu einer rekultivierten Sandgrube ❷ unternehmen. Nach ca. 100 m finden Sie sich auf einer großen Lichtung wieder. Wenn Sie wollen, können Sie hier auf einigen Baumstämmen ein Picknick machen.

Zurück am Fußballplatz folgen Sie dem geteerten Weg, der Ihnen ein weites Panorama bietet: Im Nordwesten erkennen Sie in der Ferne die Bergehalde Ensdorf mit dem Saarpolygon und im Nordosten erscheint Ihr Zwischenziel, die stark bewaldete Halde Viktoria.

Sie folgen der kleinen Straße hinter der Sportanlage links bergab und befinden sich dann im **Wohngebiet Ritterstraße ❸**.

Das Wohngebiet Ritterstraße war ehemals eine Bergmannskolonie. Ab 1825 wurden hier Häuser für die Bergleute errichtet, mit kleinen Gärten und Stallungen für die „Bergmannskuh", die nur eine Ziege war. Heute zeigt sich die besondere Architektur in Form von sich ähnelnden großen Doppelhaushälften.

Die Viktoriahalde

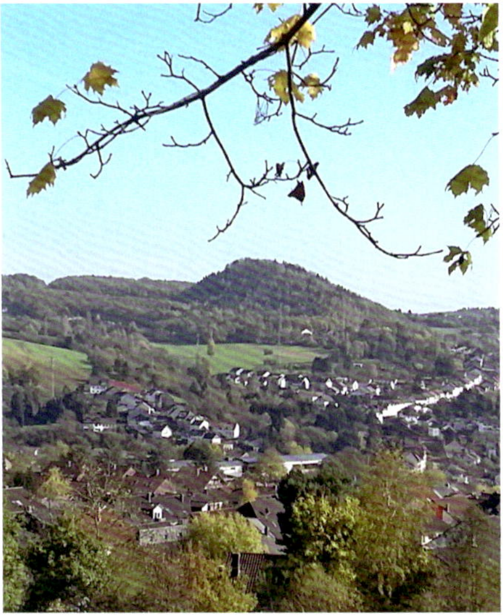

Sie folgen der Straße am Kirchturm vorbei und wandern weiter geradeaus bis zu einer kleinen Kapelle. Hier halten Sie sich links und gehen sofort wieder links in eine abschüssige Sackgasse, direkt auf Ihr Ziel zu, das sich abrupt vor Ihnen auftürmt: die ⌘ Halde Viktoria.

Die Viktoriahalde ist aus den Bergematerialien der nahe gelegenen Grube Viktoria entstanden, die bereits 1963 stillgelegt wurde. Sie hat die Form eines Spitzkegels. Der höchste Punkt liegt ca. 400 m über Normalnull. Sie wurde künstlich bepflanzt. Der Absinkweiher am Fuß der Halde klärte einst die Abwässer der Kohleaufbereitung. Fauna und Flora haben sich in den letzten Jahren so gut entwickelt, dass hier auch ein Naturschutzgebiet ausgewiesen wurde.

Am Ende der Sackgasse überqueren Sie eine kleine Fußgängerbrücke. Sie befinden sich nun direkt im Naturschutzgebiet Viktoriahalde. Zuerst folgen Sie einem schmalen, ebenen Pfad und können rechter Hand ab und an durch die dichte Vegetation unter Ihnen den Absinkweiher erkennen. Bei km 7,4 biegen Sie scharf links ab.

Nun beginnt der Almauftrieb oder besser Haldenauftrieb! Vor Ihnen liegen 80 Höhenmeter. Der Weg windet sich spiralförmig um den Spitzkegel. Er ist steil, schmal, felsig und von Wurzeln durchwachsen. Eine gewisse Trittsicherheit kann hier von Vorteil sein. Die Vegetation ist dicht, aber nicht sehr hoch. An einigen

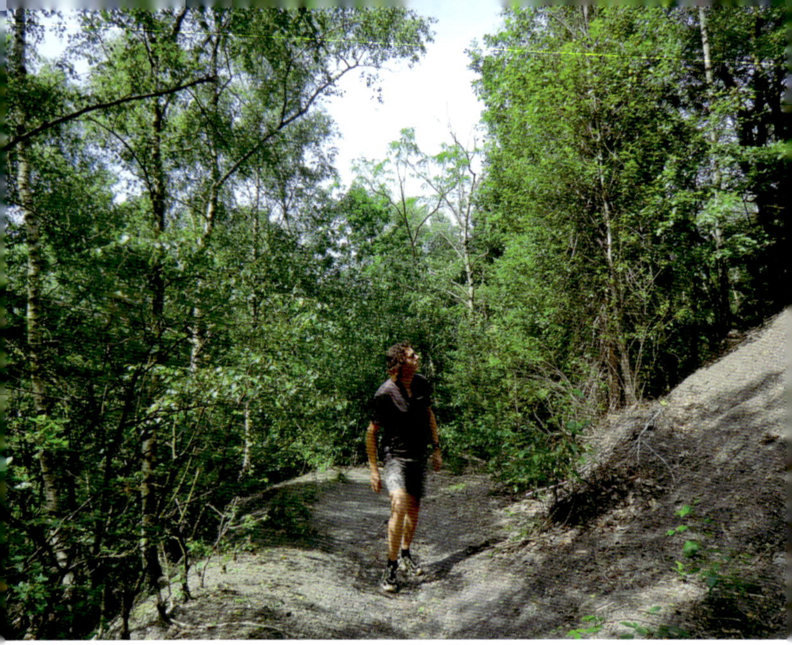

Haldenaufstieg

Freiflächen erkennen Sie, dass der Untergrund nicht natürlich ist: graues, unfruchtbares, braschenartiges Bergematerial. Bei km 7,8 biegen Sie noch einmal rechts und bei km 8 noch einmal links ab, immer bergan. Dann wird die Vegetation lichter und Sie finden sich nach wenigen Metern auf einem kreisrunden Plateau mit einem **Gipfelkreuz ❹** wieder.

Von hier aus haben Sie einen fantastischen 360-Grad-Blick. Im Südwesten erkennen Sie die Kühltürme des Kohlekraftwerkes Fenne, im Uhrzeigersinn daneben das Stahlwerk in Völklingen und am Horizont das Kraftwerk im französischen Carling. Es folgen das stillgelegte Kraftwerk Ensdorf und die Ensdorfer Bergehalde mit ihrem Polygon, dahinter am Horizont der Saargau. Bei gutem Wetter sind sogar im Süden die Vogesen und im Norden der Hunsrück auszumachen.

Zum Abstieg laufen Sie die ersten Meter auf demselben Weg wie beim Aufstieg bis zum Abzweig. An diesem nehmen Sie den linken Pfad, der Sie geradeaus und sehr steil direkt zum Fuß der Halde führt. Dort halten Sie sich rechts und erreichen zwischen Tennisanlagen und einem Fußballplatz über deren Zufahrtsstraße (links halten) bei km 8,9 eine Landstraße, der Sie rechts auf dem Fußgänger- und Fahrradweg ca. 400 m folgen. Dann biegen Sie bei erster Gelegenheit scharf links ab und nehmen danach rechts den Feldweg parallel zur Überlandleitung.

Der offene, leicht abfallende Weg bietet Ihnen einen herrlichen Panoramablick über Felder, Weiden und Streuobstwiesen. Erst bei km 10,4 mündet der Feldweg in die Wohnbebauung von Püttlingen. Sie folgen der Geisbergstraße bis zur Hauptstraße, in die Sie links einbiegen. An der nächsten Ampel geht es rechts ab und anschließend laufen Sie links über den zentralen Marktplatz mit verschiedenen ✕ Einkehrmöglichkeiten. In Verlängerung des Platzes erreichen Sie den Rathausplatz und den Stadtpark. Im Stadtpark halten Sie sich links, bis Sie nach wenigen Metern vor dem ⌘ **Hexenturm** ❺ stehen.

⌘ Der Hexenturm ist ein Gefängnisturm aus dem Mittelalter. Im unterirdischen Bereich des Turmes mit der unrühmlichen Geschichte befindet sich ein Verlies. In diesem Gefängnis wurden Ende des 16. Jh. 14 Frauen gefangen gehalten. Sie wurden als Hexen angeklagt und in einem unrechtmäßigen Prozess zum Tod durch Verbrennen verurteilt.

Der Hexenturm

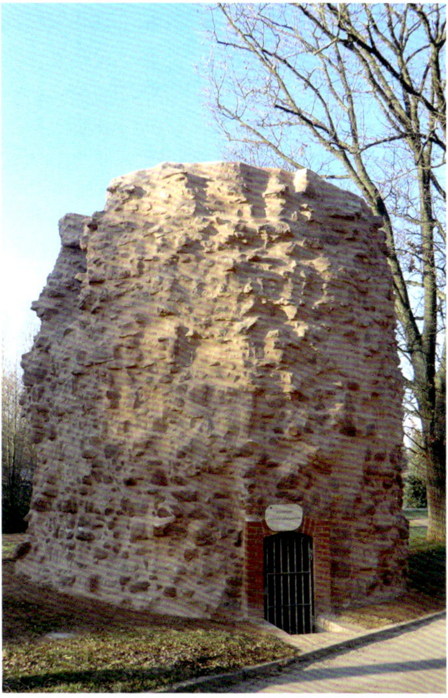

Hinter dem Hexenturm verlassen Sie den Stadtpark nach links, überqueren die Bahnhofstraße und befinden sich wieder am Ausgangspunkt der Wanderung, dem Burgplatz.

13 Wilder Netzbachpfad

Tour für Genießer der unberührten Natur

Diese Wanderung entführt Sie in den Urwald vor den Toren der Stadt Saarbrücken. Sie lernen einen Wald kennen, der seit ca. 20 Jahren sich selbst überlassen ist. Der Netzbachpfad führt Sie zu einem malerischen Weiher mit zünftiger Einkehr. Anschließend durchwandern Sie ein wildromantisches Tal und lernen im historischen Wolfsgarten das Fürchten.

Start/Ziel: Waldparkplatz vor dem Forsthaus Neuhaus neben der L 259, GPS N 49°17.499' E 006°58.798'

9,4 km

2 Std. 30 Min.

130 m/130 m

219-346 m

ab km 0,4 durchgängig und gut durch das Logo „grüne Landschaft neben blauem Fluss auf weißem Untergrund" gekennzeichnet

Sie wandern über breite Waldwege und schmale Urwaldpfade (z. T. feucht). Gelegentlich sind auch umgestürzte Bäume zu überwinden, was problemlos möglich ist.

Eine Einkehr in der Gaststätte Seeblick bietet sich zur Hälfte der Tour an (km 4).

Rastbänke in klassischer Form werden Sie auf dieser Wanderung durch den Urwald des Saarkohlenwaldes nicht vorfinden. Sitzgelegenheiten, an umgestürzte Bäume montiert oder aus Baumstämmen herausgehauen, erwarten Sie bei km 4,6, km 5 und km 6.

Für Kinder ist diese Urwaldtour sicherlich hochinteressant. Im wilden Netzbachtal wird es besonders spannend, wenn umgestürzte Bäume überwunden werden müssen. Gruseln werden sie sich im historischen Wolfsgarten.

Die Tour ist für Buggys nicht geeignet. Allerdings können Sie den Urwald auch mit dem Buggy „erschnuppern". Starten Sie vom Parkplatz der Gastätte Zum Seeblick aus (☞ unten: Netzbachtal 1, 66115 Saarbrücken, GPS N 49°17.439' E 006°0. 739'). Von dort können Sie den Netzbachweiher umrunden und auch dem verwilderten Netzbachtal auf dem südwestlich gelegenen, befestigten Waldweg bis zur Brücke ca. 1,5 km folgen.

Mehrere Bachläufe, Teiche und Seen bieten ausreichend Trinkgelegenheiten für die Vierbeiner.

kostenloser Parkplatz am Start/Ziel

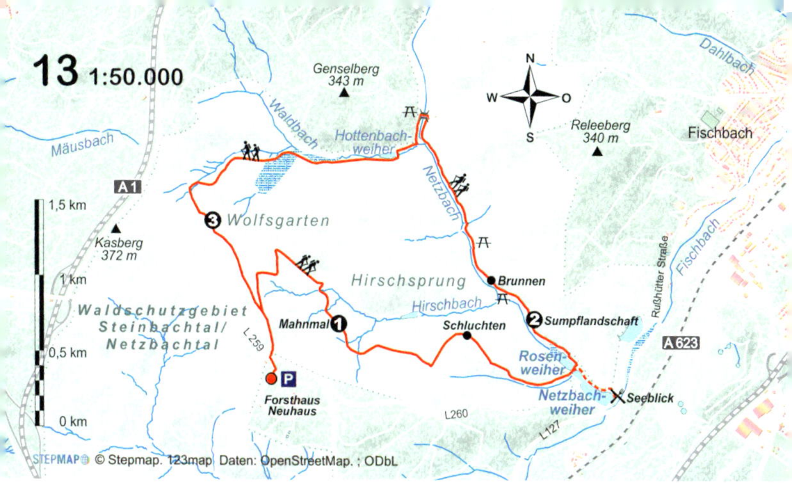

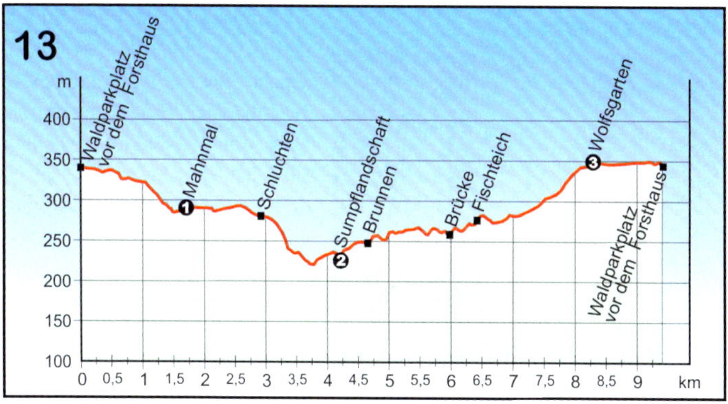

Ab „Saarbrücken Hauptbahnhof“ fahren Sie mit der Stadtbahn STB 1 bis „Riegelsberg Süd“ (alle 15 Min.). Von dort führt Sie ein beschilderter Zuweg (ca. 2,5 km, Wanderlogo „Zuweg – gelbe Landschaft neben gelbem Fluss auf weißem Untergrund“) bis kurz vor das Ende des beschriebenen Rundweges.

Vom Parkplatz des Forsthauses Neuhaus gehen Sie zurück zur Straße, überqueren diese vorsichtig und folgen dem Waldweg mit dem Wanderlogo „Zuweg – gelbe Landschaft neben gelbem Fluss auf weißem Untergrund“ bis zum nächsten Abzweig (km 0,4). Hier halten Sie sich rechts und folgen nun dem

✎ Logo „grüne Landschaft neben blauem Fluss auf weißem Untergrund". Auf breitem Waldweg geht es leicht bergab.

Sie befinden sich im Urwald vor den Toren der Stadt Saarbrücken im Herzen des Saarkohlenwaldes. Über Jahrhunderte wurde der Wald intensiv genutzt, sogar als Kohlerevier. Seit 1998 findet hier keine holzwirtschaftliche Nutzung mehr statt. Weder werden Bäume gefällt noch neu angepflanzt. Der Wald wird sich selbst überlassen, eine neue Wildnis soll entstehen. Die Veränderungen sind schon deutlich zu erkennen: umgefallene Bäume, vermoostes Totholz und kleine Schluchten, die aus Rinnsälen entstehen. Ausdrücklich sollen die Besucher des Waldes an dieser Rückentwicklung teilhaben und sie miterleben. ✋ Bei Unwettersituationen wie Sturm und Gewitter ist das Betreten des Urwaldes allerdings wegen eventuell herabfallender Äste und umstürzender Bäume verboten.

Urwald im Morgengrauen

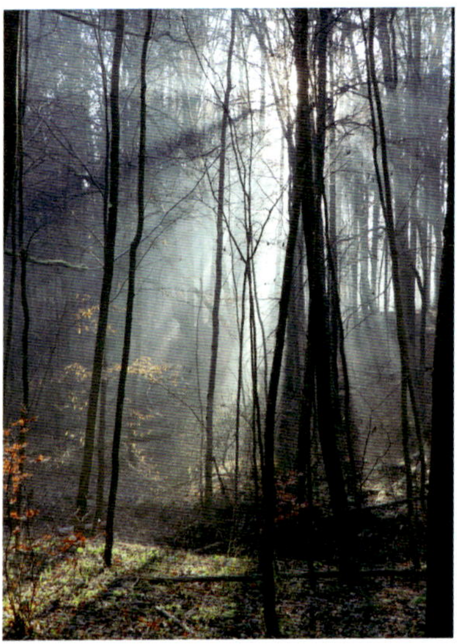

Langsam und in zunächst kleinen Dosen lernen Sie den Urwald kennen. Bei km 1,8 entdecken Sie zwei Bäume ohne Äste, die sich nach oben splitterförmig öffnen. Hier hat der Blitz zugeschlagen und die Bäume regelrecht gesprengt. Die Trümmer bleiben wie ein Mahnmal ❶ der unabwendbaren Naturgewalt erhalten.

Bei km 2,6 verlassen Sie den komfortablen Waldweg und laufen auf einem schmalen Pfad abwärts. Der Weg führt Sie vorbei an kleinen Gräben, Schluchten und Gräten. Später begleitet Sie ein Rinnsal in einem verwilderten Graben. Vermoostes Totholz lässt den Wald immer uriger erscheinen. Dann öffnet er sich plötzlich und Sie stehen vor zwei großen Weihern: rechts der Netzbachweiher und links der Rosenweiher, getrennt durch eine breite Trasse, unter der unsichtbar eine Gaspipeline verläuft. So nah können im Saarland Industrie und Natur beieinanderliegen.

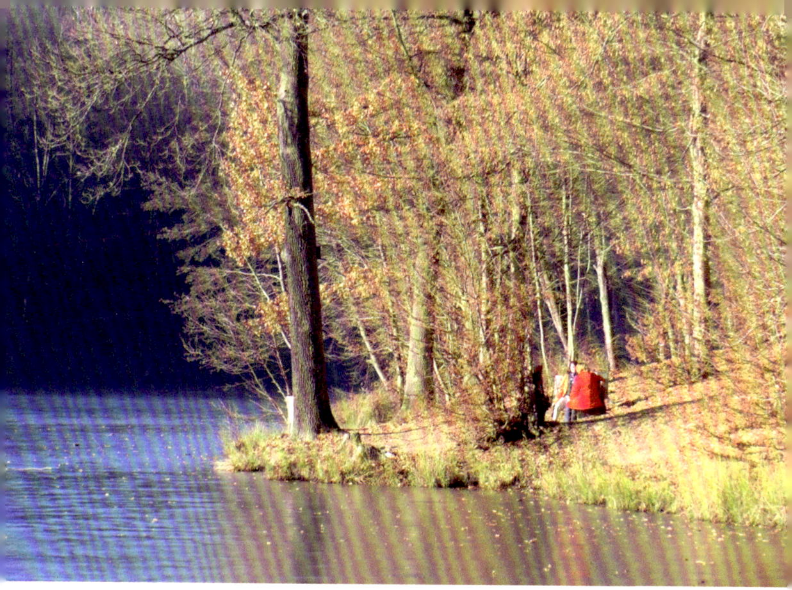

Idyllische Rast am Netzbachweiher

Der Wanderweg führt Sie zwar um den Rosenweiher herum, ich empfehle Ihnen jedoch vorher einen ↪ Abstecher zur nahe gelegenen ✗ Gaststätte Seeblick.

↪ Sie biegen hinter dem Netzbachweiher rechts ab und wandern 200 m auf einem wunderschönen Uferweg mit Ruhebänken und herrlichem Ausblick über den See.

✗ Die Gaststätte besitzt einen Biergarten mit Seeblick und einen Spielplatz mit großzügiger Spielwiese. Neben dem Lokal finden Sie auch eine Picknickbank. Die Speisekarte ist gutbürgerlich. Netzbachtal 1, 66115 Saarbrücken, GPS N 49°17.439' E 006°0.739', ☏ 068 97/634 34, Di-Fr 10:15-24:00, So 10:00-23:00

Nach der Rast geht es jetzt richtig in den Urwald. Hinter dem Rosenweiher empfängt Sie eine wildromantische Sumpflandschaft ❷, die von dem mäandrischen Netzbach gespeist wird. Mit etwas Glück können Sie hier auch einen Biber erspähen. Der Pfad entlang des Baches entpuppt sich als abenteuerlich. Umgefallene Bäume müssen überquert oder umgangen werden. Das Bachbett sieht auch nicht viel aufgeräumter aus: Totholz, so weit das Auge reicht. Hier hören Sie auch immer wieder den Specht klopfen, der diese Art der Waldbewirtschaftung natürlich liebt. Auch die Wildschweine scheinen sich hier sehr wohl zu fühlen. Immer wieder sehen Sie neben dem Bachlauf ihre Spuren in Form von aufgebrochener Erde und feuchten Suhlen.

Bei km 4,7 steht noch eine alte gemauerte, runde Brunnenanlage im Bachtal. Auf ihrem Flachdach fühlt sich eine Fichte heimisch, die mittlerweile höher ist als das Bauwerk selbst. Hier holt sich die Natur das zurück, was ihr gehörte. Der menschliche Eingriff erscheint hier minimalistisch: Spartanische Sitzgelegenheiten sind in umgestürzte Bäume eingelassen (km 4,6 und 5).

Ihnen fällt bestimmt auf, dass das Sediment des Netzbaches stellenweise rostbraun gefärbt ist. Diese Gegend ist reich an Eisenerzen. Kaum zu glauben, dass dieses Material in diesem Urwald einmal abgebaut wurde. Hier wurde sogar im Jahre 1958 der 1.100 m tiefe Netzbachschacht als Wetterschacht abgeteuft. In dem Schacht wurden nach dem Ende der dortigen Kohleförderung ab 1990 auch Schwerkrafttests für die Raumfahrtforschung durchgeführt, was ihm den Nicknamen „Cape Canaveral des Saarlandes“ bescherte. Mittlerweile ist die Bergwerksanlage vollständig zurückgebaut. Nur noch ein gerodetes Waldstück erinnert an den ehemaligen Standort auf der anderen Seite des Netzbaches.

Der Netzbach

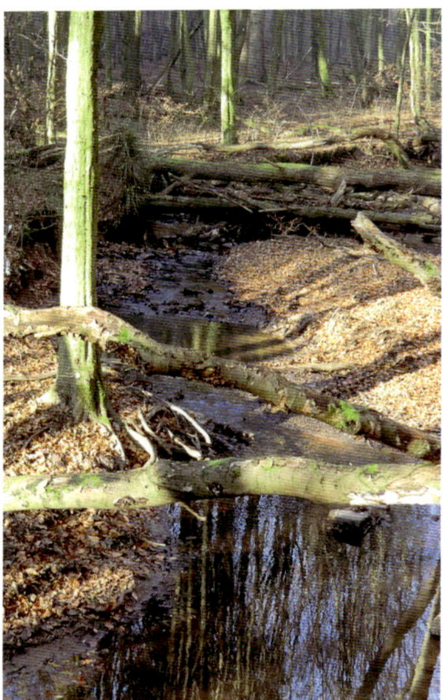

Über ein Brückchen (km 6) verlassen Sie den Netzbach, um kurz darauf in das Waldbachtal einzubiegen. Vorbei an einem gestauten Fischteich, dem Hottenbachweiher (km 6,3), geht es leicht bergauf. Bei km 8,1 biegen Sie auf einen Pfad ab, der Sie in den historischen und auch schauerlichen **Wolfsgarten ❸** führt.

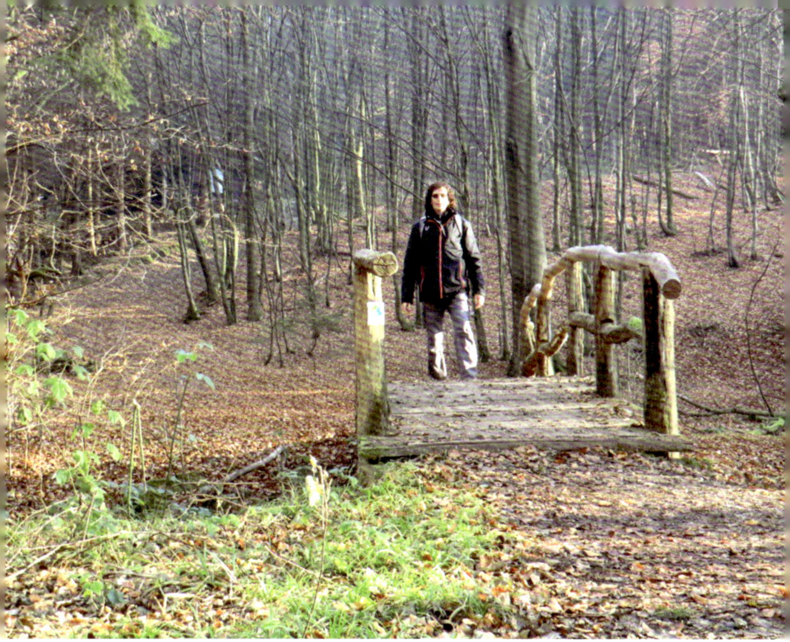

Über den Netzbach

Als Wolfsgärten wurden Waldgebiete bezeichnet, in denen Wölfe in Fanggruben oder Wolfsangeln gefangen wurden. Wolfsangeln waren überdimensionierte Angelhaken, die in Bäumen aufgehängt wurden. Die Wölfe schnappten nach Fischbrocken, die in die Haken gespießt waren, erhängten sich dadurch und starben jämmerlich. Der Wolf war der Feind der bäuerlichen Viehwirtschaft, aber auch des Jägers.

Von den Gräueltaten aus vergangenen Zeiten erkennen Sie Gott sei Dank nichts mehr. Aber etwas Unheimliches geht noch immer von diesem Urwaldstück aus. Umgestürzte Bäume und totes, vermoostes Holz begleiten diesen gespenstischen Pfad, der sich teilweise entlang kleiner Schluchten schlängelt. Gruseln Sie sich ruhig ein wenig!

Der Wolfsgarten gibt Sie wieder frei und Sie wandern bergab durch lichten Wald bis zu der ersten Weggabelung (km 9). Von hier führt der markierte Zuweg wieder zurück zum Wanderparkplatz. ✋ Bei der Überquerung der Landstraße ist diese nach rechts nur sehr kurz einsehbar.

14 Der Brennende Berg

Kurze, waldreiche Tour für Freunde der saarländischen Industriekultur

Diese Rundwanderung entführt Sie in die Vergangenheit des saarländischen Kohlebergbaus. Sie wandern auf den ehemaligen Arbeitswegen der Bergleute, entdecken oberirdische Abbauorte im Wald, erkunden den Festplatz der einfachen Kumpels und die Villen der Bergbauelite. Abschließend enthüllen Sie das Geheimnis des „Brennenden Berges".

Start/Ziel: Braschenparkplatz in 66125 Saarbrücken-Dudweiler, Am Gegenortschacht 1, GPS N 49°17.162' E 007°2.811'

4,9 km

1 Std. 30 Min.

145 m/145 m

243-352 m

durchgängig „gelbe Raute", nur bei km 3,5 abweichend „grüne Raute"

überwiegend schattige Waldwege

keine Einkehrmöglichkeit

Sitzbank mit Aussicht bei km 4, Schutzhütte mit Picknickbänken bei km 4,3

Das Geheimnis des Brennendes Berges aufzudecken, ist auch für Kinder spannend. Das faszinierende Naturdenkmal wird auch regelmäßig von Schulklassen aufgesucht.

Die gesamte Tour ist für Buggys nicht geeignet. Lediglich der erste Kilometer vorbei an den Bergbauvillen und dem Festplatz bis zu den Pingen ist mit Buggy begehbar.

Wasserstelle bei der Hälfte der Tour an den Fischweihern

P kostenloser Braschenparkplatz am Start/Ziel

Ab dem Bahnhof Sulzbach (Nahetalbahn) sind es 1,3 km Fußweg: Sie laufen auf der Straße An der Klinik in Richtung Westen und folgen in Verlängerung der L 126 bis zum Fischweiher. Dort können Sie in den Rundkurs einsteigen.

Vom Parkplatz aus starten Sie die Tour, indem Sie der Straße um die Haarnadelkurve weiter folgen. Sie stehen sofort vor einem Ensemble von drei alten, idyllisch am Waldrand gelegenen ⌘ **Bergmannshäusern ❶** mit einer besonderen kulturhistorischen Bedeutung.

Die Villen der Beamten und Direktoren der Grube Hirschbach bestehen aus zwei Doppelhaushälften und einem sehr repräsentativen Einzelhaus und wurden Anfang des 20. Jh. im Stil des Historismus errichtet. Damals war es üblich, dass das „Bergbaumanagement" vor Ort in bereitgestellten Mietshäusern residierte. In der Einzelvilla, die auch Elemente des Jugendstils aufweist, wohnte der Bergwerksdirektor. Die einfachen Kumpel hausten dagegen z. T. noch in sogenannten Schlafhäusern oder mussten stundenlange Arbeitswege zurücklegen.

Sie folgen weiter der geteerten Straße, bis nach einer Schranke ein Waldweg beginnt. Sie tauchen jetzt in eine Allee ein, die von mächtigen Kastanien gesäumt wird. Schon nach wenigen Metern (bei km 0,4) erkennen Sie linker Hand eine weite Lichtung mit nur vereinzeltem Baumbestand. Außer einer Schautafel erinnert nichts mehr daran, dass dieser traditionsreiche Platz den Bergleuten der Umgebung einst als Festplatz diente.

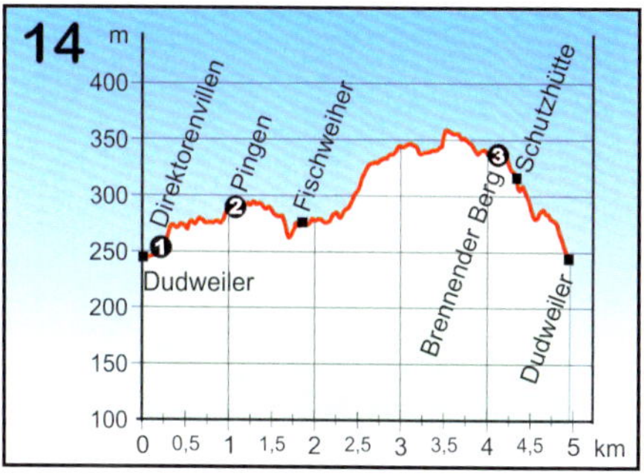

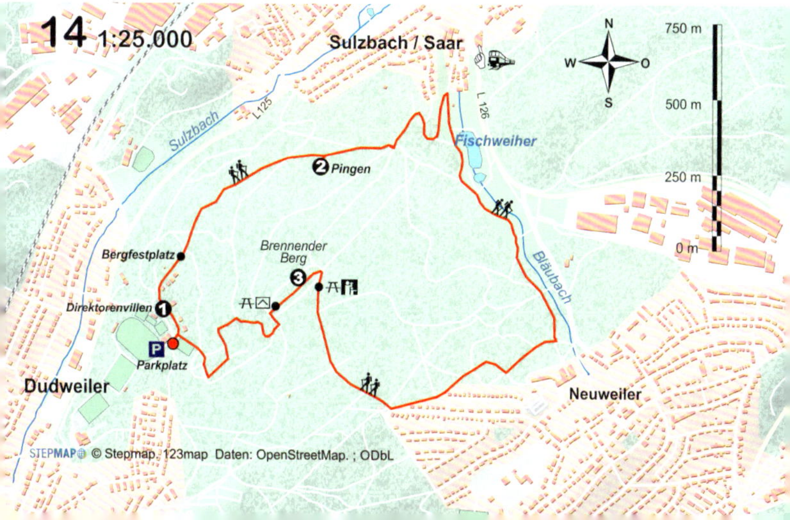

Lediglich die imposanten Kastanienbäume könnten noch von den rauschenden Festen erzählen, die in ihrem Schatten auf diesem Bergfestplatz alljährlich stattgefunden haben. Bergmannsmusik, Ochsenfleisch und Bergbier förderten die Kameradschaft. Die verschworene Gemeinschaft als Teil der Bergmannskultur war gewollt: Die Völlerei wurde von der Grubenverwaltung finanziert.

Sie folgen dem breiten Waldweg weiter gemäß der ✎ Markierung „gelbe Raute" und entdecken bei km 1 auf der rechten Seite im Wald zwei Löcher im Boden ❷, jeweils von der Größe eines Bombentrichters.

Pinge

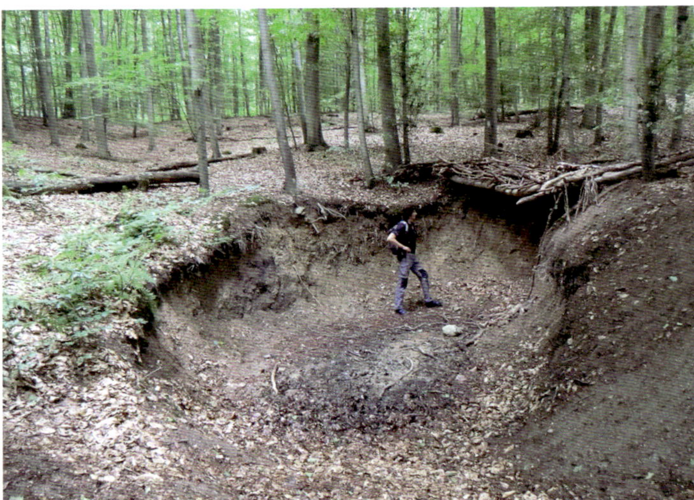

Als **Pingen** werden Erdlöcher bezeichnet, in denen oberflächennahe Kohleflöze schon im Mittelalter ohne großen technischen Aufwand abgebaut wurden. Aber auch in den Notzeiten der beiden Weltkriege wurden die Minigruben wiederentdeckt – um Heizmaterial zu gewinnen.

Nach so vielen kulturhistorischen Eindrücken auf den ersten Metern der Rundtour kommen Sie jetzt erst einmal zum Wandern. Das Geheimnis des Brennenden Berges werde ich mit Ihnen erst gegen Ende der Tour lüften.

Die nächsten 2,5 km folgen Sie unbekümmert der Markierung „gelbe Raute". Der breite, leicht ansteigende Waldweg verjüngt sich nach zwei Kreuzungen (an der zweiten links halten) zu einem abfallenden Pfad durch einen Laubwald. Hinter einer Haarnadelkurve zeigt sich links von Ihnen am Waldrand bald ein schön gelegener Fischweiher (km 1,9). Mit etwas Glück können Sie hier den Anglern ein Flaschenbier aus dem Fundus des ortsansässigen Angelsportvereins abkaufen und es auf der idyllisch gelegenen Terrasse des Vereinshauses genießen.

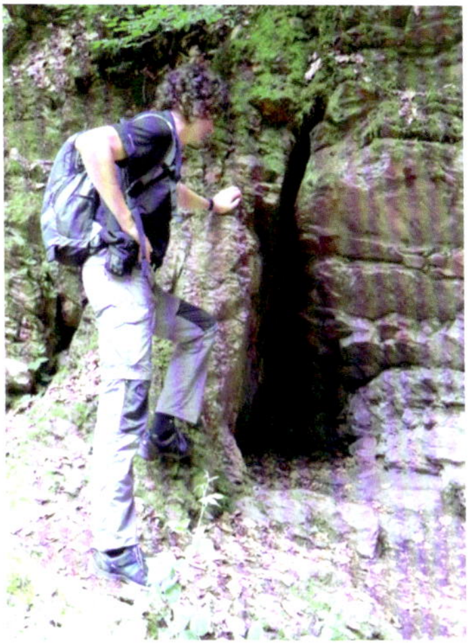

Spundloch des Brennenden Berges

Sie folgen weiter dem ab hier meist aufsteigenden Weg mit der Markierung „gelbe Raute", bis Sie bei km 3,2 links am Waldrand einige Wohnhäuser passieren. Am Ende der Wohnhäuser liegt ein Braschenparkplatz. Vor diesem Parkplatz biegen Sie bei km 3,5 rechts in einen dichten Laubwald ab und folgen hier der ✎ grünen Raute und dem Wegweiser „Brennender Berg". Bei km 4 steht links des Weges eine Bank, von der Sie eine schöne Aussicht in eine Schlucht haben.

Nach kurzer Rast folgen Sie weiter dem Weg und wechseln nach nur wenigen Metern wieder analog der altbewährten ✎ Markierung „gelbe Raute" nach links. Über einige angedeutete Stufen steigen Sie in die soeben noch bewunderte Schlucht hinab. An zwei Bänken vorbei gehen Sie geradezu auf ein ca. 1,5 m großes Spundloch im Felsen zu. Halten Sie einmal Ihren Kopf hinein und nehmen Sie einen tiefen Atemzug durch die Nase. Der brenzlige Geruch signalisiert Ihnen, dass Sie sich hier am Fuß des **„Brennenden Berges" ❸** befinden.

Der Brennende Berg besteht aus einem in Brand geratenen Kohleflöz. Den Überlieferungen zufolge hat ein Hirte an dieser Stelle ein Feuer entzündet, das unbeabsichtigt über Baumwurzeln ein oberflächennahes Flöz entzündete. Seit dem 17. Jh. kokelt das unterirdische Feuer vor sich hin. Löschversuche blieben erfolglos. Rauchschwaden, schweflige Dämpfe und eine enorme Hitzeentwicklung waren die äußeren Anzeichen dieses Naturphänomens. Heute lassen sich vor allem im Winter noch Wasserdampf-, Wärme- und Geruchsentwicklung beobachten. Eine eiserne Tafel oberhalb der Austrittsfelsen zeugt davon, dass sich unser Dichterfürst Goethe bereits im Jahr 1770 vor Ort für dieses Naturschauspiel interessierte.

Sie verlassen diesen aufregenden Ort und wandern weiter auf den Spuren von Goethe in die imposante Schlucht hinein. Die Wände werden niedriger und Sie finden sich auf einem kleinen Platz im Wald wieder. Rechts oberhalb dieser Ebene erkennen Sie eine ⌂ Schutzhütte mit ⩫ Picknickbänken (km 4,3) – der ideale Platz für eine Schlussrast.

Immer der gelben Raute folgend geht es weiter durch einen Hohlweg und über eine kleine Lichtung. Mal durch dichten Wald, mal vorbei an niedrigem Bewuchs erreichen Sie einen Sandsteinbruch. Anschließend öffnet sich das Gelände und Sie befinden sich kurze Zeit später wieder vor den ⌘ Bergwerksvillen am Start der Tour (km 4,9). Von hier aus kommend erkennen Sie oberhalb Ihres Parkplatzes einige verwilderte Tennisplätze, die noch vom ehemaligen Luxus der Direktorenvillen zeugen.

Blütenpracht im Saarkohlenwald

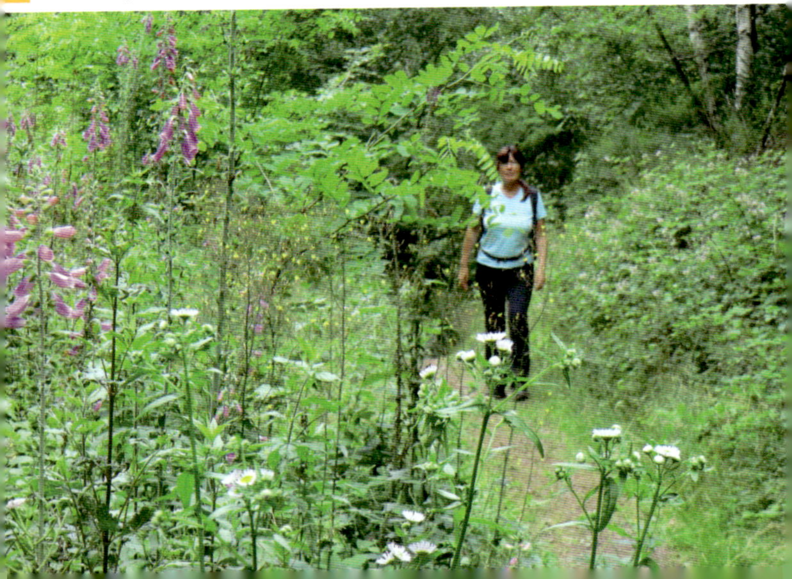

15 Kirkeler Felsenweg

Tour für Liebhaber des Pfälzerwaldes

Dieser Weg liegt zwar eindeutig noch im Saarland, Sie wähnen sich aber bereits im Pfälzerwald. Sie wandern zunächst entlang einer Pfälzer Felsenlandschaft durch immer wieder wechselnden Laub- und Mischwald. Anschließend verläuft die Rundtour nach kurzem Anstieg mit leichtem Auf und Ab entlang einer Hanglage mit imposanten Einblicken in sich verändernde Tallandschaften.

Start/Ziel: Wanderparkplatz des Naturfreundehauses Kirkel, Limbacher Weg 8, 66459 Kirkel, GPS N 49°17.290' E 007°14.584'

8,4 km

2 Std. 30 Min.

165 m/165 m

243-356 m

durchgängig gut mit dem Logo „Kochmütze auf weißem Grund" gekennzeichnet

schattige Waldwege und -pfade

Zu Beginn bzw. am Ende der Wanderung können Sie im Naturfreundehaus Kirkel zünftig einkehren.

mehrere Rastbänke und Picknickstellen

Kinder sind begeistert von den Felsformationen, insbesondere wenn sie auch noch darauf klettern dürfen. Der Mineralienlehrpfad, die Waldschule und der mysteriöse Frauenbrunnen werden sie ebenfalls neugierig machen.

Die Tour ist für Buggys nicht geeignet.

Zwei Brunnen bieten Trinkgelegenheiten.

P kostenloser Parkplatz am Start/Ziel

Ab dem Bahnhof Kirkel (Fernverkehrsstrecke Saarbrücken–Kaiserslautern) sind es 1,4 km Fußweg: Sie folgen der Eisenbahnstraße Richtung Westen und wandern dann über Kaiserstraße, Kohlroterweg und In der Schlehhecke zum Naturfreundehaus.

Der Einstieg in die Rundtour befindet sich oberhalb des Parkplatzes am Waldrand in südlicher Richtung. Auf sandigem Pfad laufen Sie entlang der Wohnbebauung bis zu einer Kreuzung (km 0,4), die Sie queren, bevor Sie steil bergauf durch einen dichten Mischwald wandern. Schon nach wenigen Metern passieren Sie die ersten Felsformationen aus Buntsandstein und bei km 0,8 können Sie sich

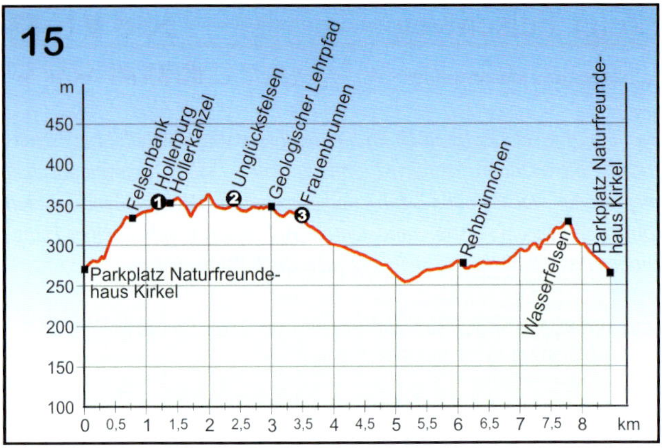

auf einer imposanten Steinbank im Überhang eines Felsens ausruhen. Nach einer Serpentine finden Sie sich auf einem kleinen Plateau wieder (km 1,2). Hier hat einmal die **Hollerburg** ❶ gestanden.

Die Hollerburg stammte aus dem frühen Mittelalter. Das primitive Bauwerk aus Erde und Holz diente einst der Bevölkerung als Fluchtburg. Sie lag an der ehemaligen Handelsstraße Metz–Mainz. Entdeckt wurden ihre spärlichen Überreste erst im Jahr 1950.

Von einer Liegebank und einem Picknicktisch aus haben Sie eine weite Aussicht über die hügeligen Waldgebiete. Bei guter Sicht können Sie in nordwestlicher Richtung sogar Saarlands höchsten Berg, den Schaumberg, mit seinem Turm erkennen.

Sie folgen der Wegführung und stehen nach Umrundung einer Felsformation vor der bekannten **Hollerkanzel**. Oberhalb der Hollerkanzel thronte einst die Hollerburg. Von dem imposanten, überhängenden Felsen ist der vordere Teil der Felsnase bereits abgebrochen. Sie liegt in ihrer ganzen Mächtigkeit jenseits des Wanderweges.

Eine kleine Tafel weist Sie darauf hin, dass Ihre Kinder ab jetzt trotz Naturschutzgebiet auf den Felsen klettern dürfen, aber nur auf den Felsen, die einen Namen haben, und natürlich auf eigene Gefahr.

Weiter wandern Sie in leichtem Auf und Ab vorbei an kleineren und größeren, einfachen und bizarren Gesteinsformationen. Als Highlight begegnet Ihnen bei km 1,9 ein hölzerner Picknicktisch, der gänzlich unter einem mächtigen, aber niedrigen Felsendach verborgen ist – mehr etwas für kleinere Leute. Hinter der nächsten Kehre (km 2,4) stehen Sie vor dem imposantesten aller Felsen – dem **Unglücksfelsen ❷**.

Der Unglücksfelsen besteht aus einer rotbraunen, hohen Buntsandsteinformation. Der Sage nach soll ein berittener Jäger hier vom Felsen gestürzt sein, während er einem Hirsch nachstellte. Das hat sogar den Alpenverein dazu bewogen,

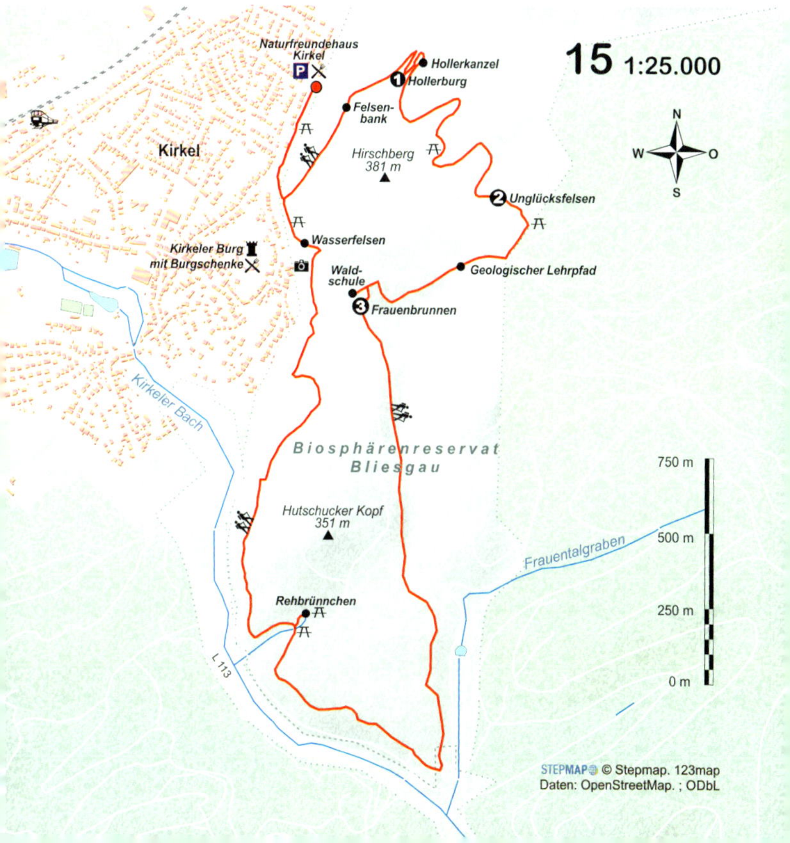

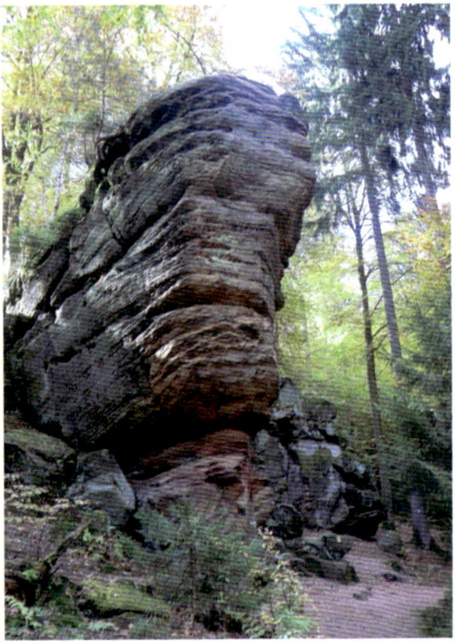

Der Unglücksfelsen

durch zwei kleine Tafeln an in den Dolomiten und am Montblanc verunglückte Mitglieder zu erinnern.

Sie verlassen den Felsenpfad und betreten nach wenigen Metern den geologischen Lehrpfad (km 2,8). Große Sedimentgesteine sind am Wegesrand aufgereiht und werden mit verständlichen Schildern kommentiert.

↳ 👪 Biegen Sie am Ende des Lehrpfades bitte nicht gleich der Beschilderung folgend links ab. Laufen Sie stattdessen noch 50 m weiter geradeaus, dann können Sie auf einer Lichtung die ⌘ „Waldschule" bewundern.

⌘ Die Waldschule besteht aus einem hölzernen Pult, um das im Halbkreis kleine Bänke aufgereiht sind. Im Hintergrund stehen einige Tafeln mit Erklärungen über die Fauna und Flora des Waldes – und das alles vor der imposanten Kulisse eines mächtigen Buchenbestandes. Hier können Sie Ihrem Nachwuch einmal die Welt erklären – zumindest die des heimischen Waldes!

Zurück auf dem Weg geht es zuerst steil bergab, aber schon nach 100 m finden Sie sich auf einer kleinen Fläche mit ⛩ Picknicktischen und einem Felsbrunnen wieder: dem ✿ **Frauenbrunnen ❸**.

Der Frauenbrunnen besteht aus einer lang gezogenen Felsformation, in die ein kleiner Brunnen eingebettet ist. Bereits die Kelten haben diesen Platz als Kultstätte genutzt. Seinen Namen verdankt der mysteriöse Ort der Sage, dass der Brunnen ein Herkunftsort von Kindern sei – ein Kinderborn.

Mitwandernden Kindern wird der mannsgroße Durchgang rechts des Brunnens jedoch mehr gefallen: Der unterirdische Gang soll zu einem Schatz führen. Realistischer ist die Vermutung, dass hier ein Fluchttunnel zum benachbarten ehemaligen Kloster Wörschweiler aus dem 12. Jh. bestand.

Nach so vielen imposanten Eindrücken kommen Sie jetzt endlich zum Wandern. Auf schmalem Pfad entlang des Hanges geht es weiter, mal durch lichten Laubwald, mal durch dichten Nadelbaumbestand mit vermoosten Flächen. In leichtem Auf und Ab umwandern Sie den Hutschucker Kopf. Linker Hand haben Sie immer mal wieder Einblicke in die unter Ihnen liegende Tallandschaft. Bei km 6 erreichen Sie auf einer Wegkreuzung eine Ruhebank. Auch wenn Sie nach dem Marsch erschöpft sind, lassen Sie sich nicht darauf nieder! Ich habe noch etwas Idyllischeres für Sie: Biegen Sie hinter der Bank entgegen der Wegführung rechts ab und folgen Sie dem Schild „Rehbrünnchen". Schon nach 50 m auf schmalem Pfad erreichen Sie eine kleine Lichtung mit einer gefassten Wasserstelle und einer hübschen Holzbank. Hier kann Ihr Vierbeiner trinken, während Sie von der Bank aus den Blick in den abschüssigen Wald genießen.

Zurück auf dem markierten Weg geht es in Hanglage auf gleicher Höhe weiter. Sie kommen wieder an ersten Felsformationen vorbei. Nach einem alten Wasserhäuschen gibt der lichte Laubwald für eine kurze Strecke den Blick frei (km 7,6). Auf gleicher Höhe und nur ca. 200 m entfernt erkennen Sie die beiden mächtigen Türme der Kirkeler Burg.

Blick auf die Burg Kirkel

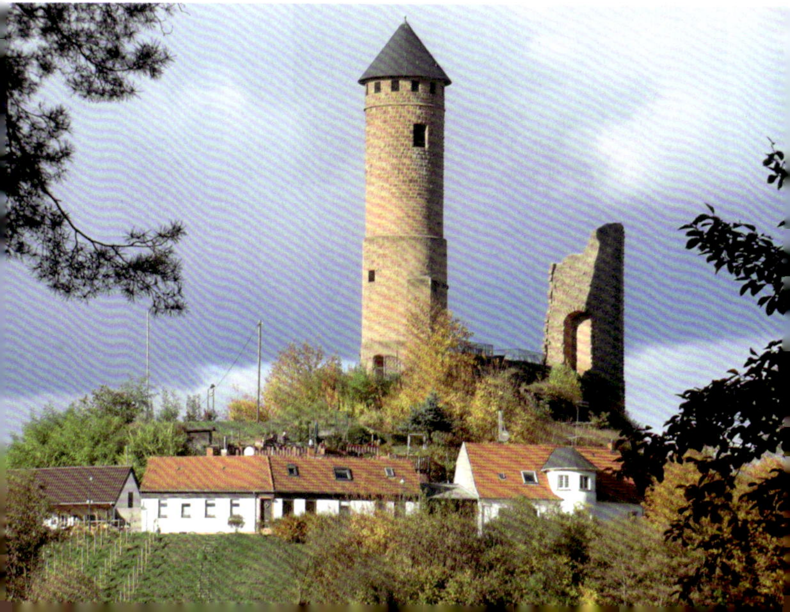

☺ Die Kirkeler Burg können Sie nach der Wanderung besuchen. Sie ist das Wahrzeichen der Stadt. Die Ruine auf dem frei stehenden Buntsandsteinfelsen ist weithin sichtbar. Sie stammt aus dem 11. Jh. Nach mehreren Zerstörungen wurde die Burg im 18. Jh. als Steinbruch genutzt und erst 1955 teilweise wieder aufgebaut. Führungen (€ 40, unbegrenzte Personenzahl) können Sie unter ☏ 06 841/80 98-39 buchen.

Die Burgschenke bietet eine kleine Speisekarte an. Schlossbergstr. 8, ☏ 068 49/65 88, Mo-Do ab 15:00, Fr und So ab 13:00

Die Wasserfelsen

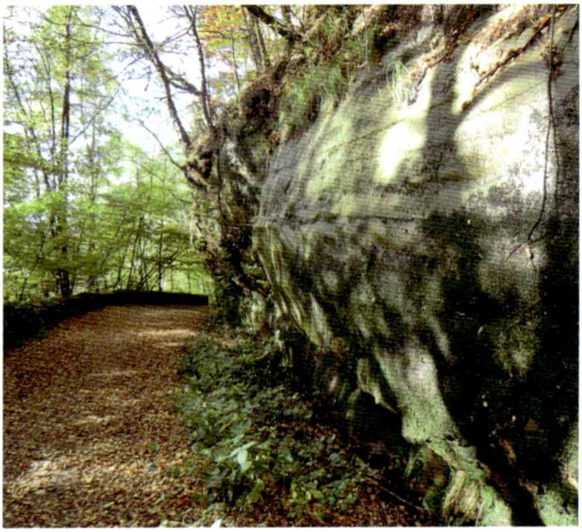

Auf einem breiten Weg mit Befestigungsmauern umrunden Sie den sogenannten Wasserfelsen – eine Felsgruppe, die sommers wie winters dauerhaft und großflächig Tropfwasser abgibt. Die dadurch immer glänzenden Felsen stellen aus geologischer Sicht sogenannte Schichtquellen dar.

Bei km 8 kommen Sie an die Kreuzung, die Sie bereits zu Beginn der Wanderung passiert haben. Der Beschilderung folgend biegen Sie links Richtung „Naturfreundehaus" ab und wandern auf demselben Weg wie zuvor zurück zum Parkplatz. Jetzt haben Sie sich eine zünftige Einkehr nach Pfälzer Vorbild verdient.

Das Naturfreundehaus bietet eine kleine Speisekarte mit zünftigen, hausgemachten und preiswerten Gerichten (z. B. Leberknödel, Salatteller, Schinkenplatte, Pommes). Dass Wanderer und Hunde willkommen sind, versteht sich von selbst. ☏ 068 49/385, Mo-Fr 15:00-21:00, Sa und So 10:00-21:00

Die Grenzregion im Westen

La frontière

Alfred Gulden

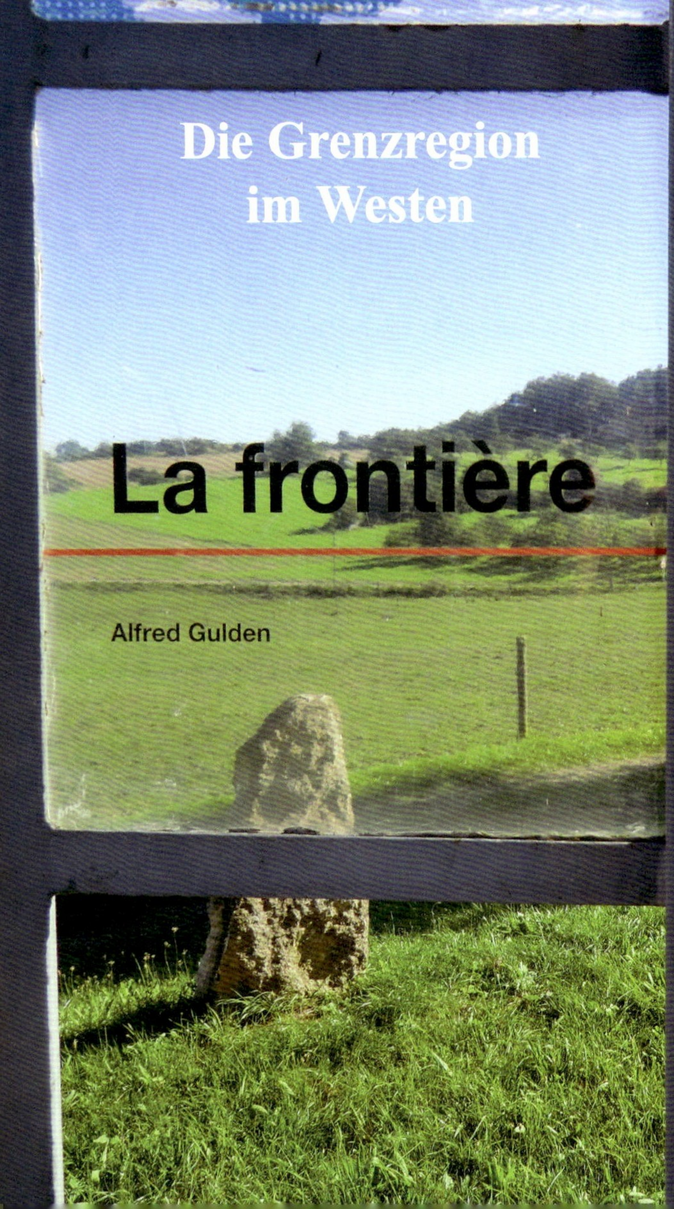

16 Über den Sentier des Orchidées zum Château de Malbrouck

Tour für Naturliebhaber

Überwältigende Ausblicke in unsere Nachbarländer, eine mittelalterliche lothringische Burg und jede Menge französische Biotope – das alles erwartet Sie auf dieser Wanderung ins Dreiländereck von Perl. Darüber hinaus durchstreifen Sie auch noch das malerische Tal des Manderer Baches.

Start/Ziel: Waldparkplatz am Ende der Straße Zum Hammelsberg in 66706 Perl, GPS N 49°28.007' E 006°22.829'

13,1 km

4 Std.

432 m/432 m

186-377 m

gelegentlich markiert, jeweils in der Wanderbeschreibung erwähnt

überwiegend breite Wege in offener Landschaft

Bistro im Château de Malbrouck (km 5), verschiedene Lokale in Perl, ☺ Geheimtipp: Grill Dreiländereck an der deutsch-französisch-luxemburgischen Grenze (GPS N 49° 28.308',E 006° 22.363')

Rastbank mit Aussicht (km 0,9), Picknickbänke an der Friedenskapelle (km 2,5), unterhalb des Château de Malbrouck (km 5,5), in Manderen (km 6,2) und im Manderer Bachtal (km 10,9), Schutzhütte und Picknickbänke am Ende der Wanderung (km 12,7)

diverse Lebensmitteldiscounter Richtung luxemburgische Grenze an der B 407 und an der Kreuzung B 419 / B 407 in Bahnhofsnähe (Wegbeschreibung ☞)

Ältere Kinder meistern die etwas längere Tour problemlos, wenn Sie ihnen die Stationen Friedenskapelle, Château de Malbrouck, altes Waschhaus und Manderer Bachtal schmackhaft machen.

Die Tour ist für Buggys nicht geeignet. Allerdings können Sie mit Ihrem Auto die Friedenskapelle (GPS N 49°28.039' E 006°24.456') anfahren und Ihren Sprössling von hier aus überwiegend auf glattem Asphalt zum Château de Malbrouck und zurück schieben (zusammen ca. 5 km, davon 2 km Waldweg).

Trinken können Ihre vierbeinigen Gefährten an mehreren Bachläufen und Brunnen.

kostenloser Waldparkplatz am Start/Ziel

Vom Bahnhof in Perl (Fernverkehrsstrecke Trier–Thionville) aus erreichen Sie den Einstieg der Wanderung zu Fuß nach 2 km: Folgen Sie der Bahnhofstraße zuerst in südlicher dann in östlicher Richtung, biegen Sie nach 1,4 km rechts in die Apacherstraße ein und folgen Sie ihr bis zum Startpunkt.

Sie verlassen den Waldparkplatz in Perl in südlicher Richtung auf einem schmalen Waldweg und passieren dabei eine Schranke. Schon nach wenigen Metern erreichen Sie eine unübersichtliche, komplexe Wegspinne mit vielen Wegweisern. Sie entfliehen diesem Wirrwarr, indem Sie unbeirrt geradeaus laufen und dem Hinweis „Orchideenwiese Naturschutzgebiet Hammelsberg" folgen. Sie wandern ab sofort auf französischem Boden auf dem Sentier des Orchidées. Der schmale Pfad führt anfangs durch ein kleines Wäldchen mit niedrigem Baumbewuchs. Die Vegetation lichtet sich und Sie befinden sich bald inmitten der Orchideenwiesen. Linker Hand können Sie einige Felsformationen erkennen – die Relikte eines alten Steinbruchs. Nach 900 m erreichen Sie eine Bank mit herrlicher Aussicht über das Dreiländereck Frankreich, Luxemburg und Deutschland. Kurz hinter der Bank informieren Sie drei Tafeln in deutscher und französischer Sprache über Geologie, Fauna und Flora dieses Biotops.

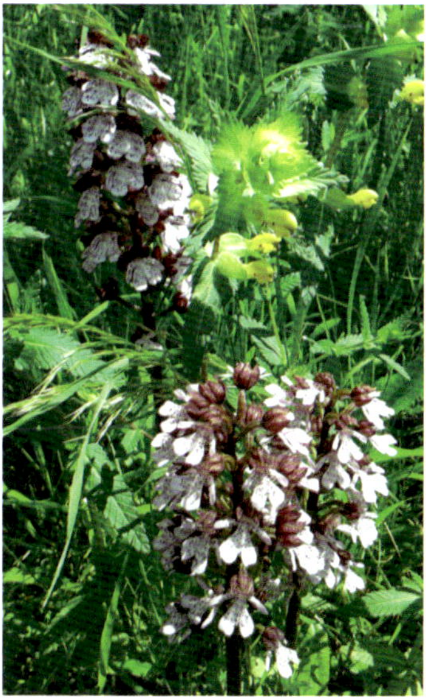

Orchideen

Die Orchideenwiesen am Hammelsberg sind – wie der Name schon andeutet – durch die jahrhundertelange Beweidung durch Ziegen, Schafe und Kühe entstanden. Heute werden die unter Naturschutz stehenden Wiesen durch Mähen und die Wiedereinführung der Weidenutzung bewusst frei gehalten. Das Biotop beherbergt wegen seiner warmen Südlage und der Trockenrasenstruktur nicht nur seltene Orchideen, sondern auch andere mediterrane Pflanzen- und Insektenarten wie beispielsweise die Gottesanbeterin. Bitte nur anschauen und nicht anfassen!

Die Infotafeln passieren Sie rechtsseitig und folgen geradeaus dem Pfad durch ein kleines Wäldchen. Nach 1,6 km stoßen Sie auf einen asphaltierten Weg, dem Sie links bergauf folgen. Das Sträßlein geht bald in einen Wiesenweg über. Sie halten sich immer geradeaus und erreichen nach 2,5 km die ✝ **Friedenskapelle ❶**. Hier erwartet Sie auch eine Picknickbank mit weiter Panoramasicht über das Dreiländereck. Als bedeutende, aber nicht unbedingt schönste Landmarke erkennen Sie die vier Kühltürme des französischen Kernkraftwerkes Cattenom.

✝ Die Friedenskapelle liegt im deutsch-französischen Niemandsland zwischen zwei Grenzsteinen. Sie wurde erst im Jahr 1999 auf Initiative der Bürger des deutschen Perl und des französischen Merschweiller errichtet. Gedenksteine erinnern an die deutsch-französischen Kriege der Vergangenheit, die beide Ortschaften immer wieder hart getroffen haben. Die Kapelle versteht sich als Mahnmal für den europäischen Frieden.

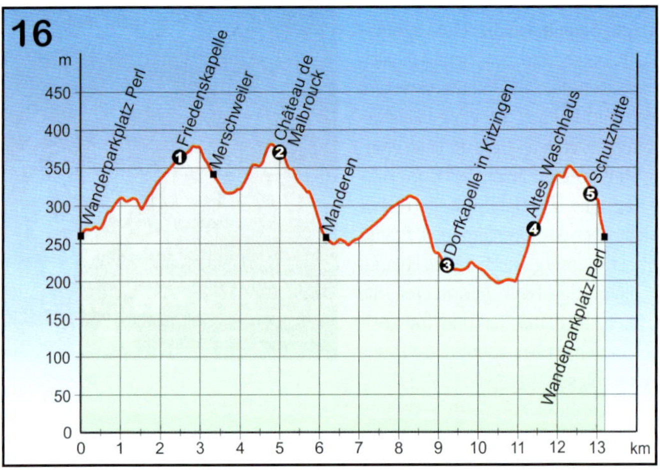

An der Kapelle biegen Sie rechts ab und folgen dem Wegweiser „Château de Malbrouck 3,5 km“. Ständig die schöne Aussicht vor Augen erreichen Sie über eine geteerte Straße bei km 3,3 die ersten Häuser des kleinen lothringischen Örtchens Merschweiller. Sie begegnen hier noch einer alten bäuerlichen Struktur,

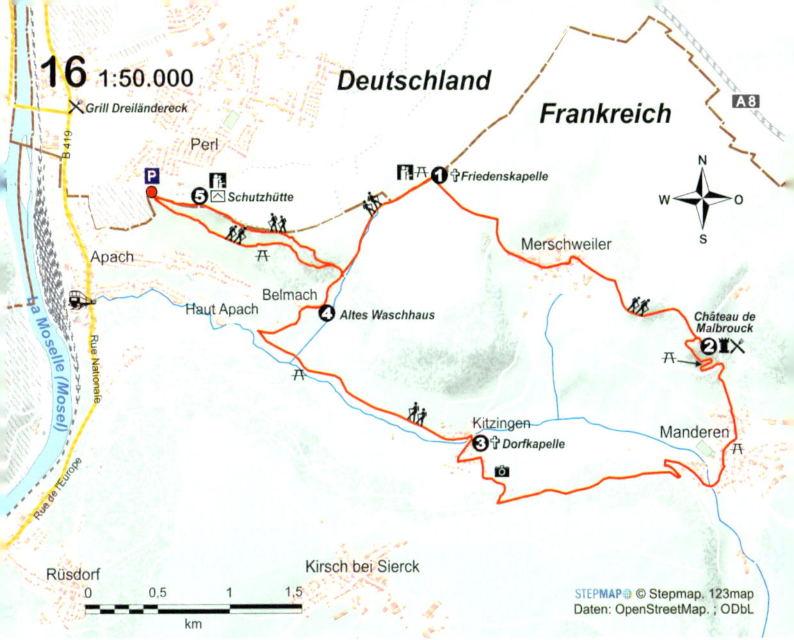

vermischt mit hübsch restaurierten Landhäusern. Auffallend ist die für die Größe des Dorfes überdimensionierte ✞ alte Kirche, die inmitten einer schönen, weiten Wiese liegt. Sie passieren auf der Hauptstraße einen gut erhaltenen Viehbrunnen.

Das Dorf verlassen Sie, indem Sie über die Rue du Château der ✎ Markierung „roter Punkt" folgen. Ein asphaltierter Feldweg führt Sie bergauf bis zum Waldrand. Dort biegen Sie rechts ab und folgen dem Weg am Waldrand entlang, begleitet von dem Panoramablick über das soeben durchlaufene, idyllisch gelegene Dorf. Sie halten sich geradeaus und durchqueren leicht ansteigend ein Wäldchen. Dann plötzlich erscheint vor Ihnen die Silhouette des mächtigen **Château de Malbrouck ❷**. Stilgerecht überschreiten Sie eine hölzerne Brücke über einen Burggraben und stehen vor den beeindruckenden Türmen des Schlosses (km 5).

Das Château de Malbrouck wurde im 15. Jh. von den Herzögen von Lothringen erbaut. In den 80er-Jahren des letzten Jahrhunderts wurde die damalige Ruine, die bis dahin oft Treffpunkt von Jugendlichen war, aufwendig renoviert.

Das mittelalterliche Château kann besichtigt werden. In dem interessanten Museumsshop können Sie Ihren Sprössling als Ritter ausrüsten. Es finden auch Sonderausstellungen, Tagungen und Führungen statt.

♦ ☏ 00 33/(0)3 87 35 03 87, www.chateau-malbrouck.com, Di-Fr 14:00-17:30, Sa und So 10:00-18:30, Eintritt € 7,50

Im Château bietet ein Bistrocafé mit breiter Aussichtsterrasse Getränke und kleine Speisen an. Allerdings ist das Bistro nur im Rahmen einer Schlossbesichtigung erreichbar. wie das Château

Das Château de Malbrouck

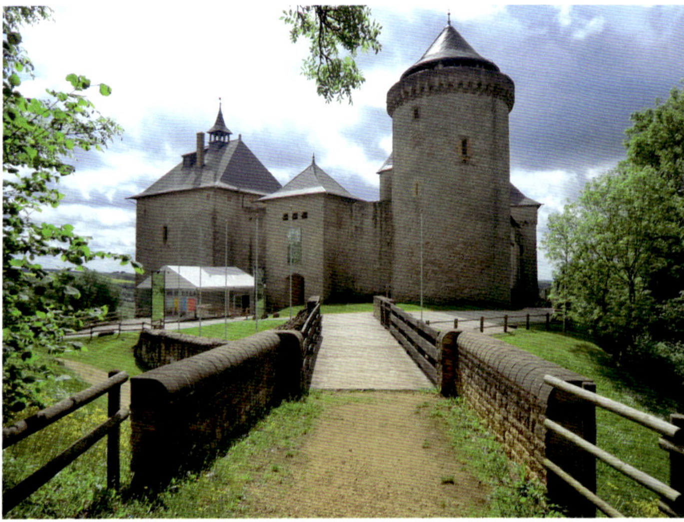

Nach der Schlossbesichtigung unterqueren Sie die hölzerne Brücke, über die Sie das Château erreicht haben. Sie folgen dem befestigten Waldweg, der Sie serpentinenartig bergab führt. (Bei feuchter Witterung akute Rutschgefahr auf den quer im Weg eingelassenen hölzernen Regenablaufrinnen!) Noch bevor Sie den großen P Parkplatz des Châteaus erreichen, kommen Sie an einer Galerie von sechs Picknicktischen vorbei (km 5,5). Vom Parkplatz aus folgen Sie der Fahrstraße talwärts zum lothringischen Manderen. Ab hier können Sie sich wieder an der Markierung „roter Punkt" orientieren.

Manderen ist von seiner wechselhaften Vergangenheit im Dreiländereck geprägt: Das ehemals luxemburgische Dorf war nach dem Zweiten Pariser Frieden 1815 eine preußische Enklave in Frankreich, bis es 1829 Frankreich zugeschlagen wurde. Das Dorf wirkt heute durch das Zusammentreffen von landwirtschaftlicher Nutzung und neuerer, zum Teil moderner Wohnbebauung sehr reizvoll auf den Betrachter.

Sie wandern in der Ortschaft immer geradeaus und kommen an eine alte Steinbrücke mit einem Bachlauf, einer Picknickbank und einer Informationstafel (km 6,2). Weiter geradeaus erreichen Sie einen Verkehrskreisel, den Sie an der ersten Abfahrt Richtung Apach verlassen. Sie folgen der wenig befahrenen Hauptstraße durch eine Rechtskurve bis zum Ortsausgang. Hinter dem Ortsschild gehen Sie vorschriftsmäßig auf der linken Straßenseite und halten Ihren Vierbeiner an der kurzen Leine. Nach wenigen Metern auf einem Wiesenstreifen neben der Straße erreichen Sie den Waldrand. An dieser Stelle folgen Sie scharf links dem steil aufwärts führenden Pfad mit der Markierung „roter Punkt" von der Straße weg. Nach einem kurzem Aufstieg halten Sie sich links, immer noch dem roten Punkt folgend. Nach einer scharfen Rechtskurve folgen Sie dem Waldweg einen guten Kilometer weit bis zu einem Abzweig (km 8,4). Dort biegen Sie rechts steil talwärts ab.

Sie wandern durch eine Streuobstwiese und sollten Ihren Blick einmal nach rechts zum Horizont schweifen lassen. Dort eröffnet sich eine imposante Perspektive: die Silhouette des alten, mächtigen Château de Malbrouck neben einem die Burg weit überragenden, schlanken Windrad – ein Symbol des friedlichen Nebeneinanders von alter Tradition und moderner Technologie.

Das Château und das Windrad

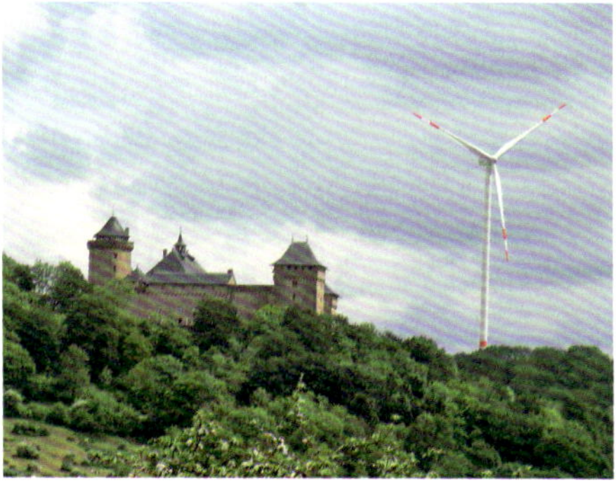

An Weideflächen vorbei führt Sie der Weg auf die Hauptstraße des Dorfes Kitzing. Sie biegen links in die Hauptstraße und folgen ihr entlang einiger hübsch hergerichteter älterer Häuser bis zur Kreuzung. Dort biegen Sie scharf rechts ✎ Richtung „Merschweiller 2 km" in die Rue Principale ab. Nach ca. 200 m entdecken Sie links die kleine ✞ Dorfkapelle ❸, die von einem Friedhof umgeben ist. Hinter der Brücke halten Sie sich scharf links und verlassen das Dorf durch ein Neubaugebiet. Sie durchwandern nun das Tal des Manderer Baches überwiegend durch Felder hindurch auf einem geteerten Feldweg mit der ✎ Markierung „blauer Punkt". Bei km 10,4 erreichen Sie in Bachnähe einen gemütlichen ⩩ Picknickplatz mit Blick auf einen kleinen Steinbruch.

Sie verlassen den malerischen Talweg an einer Kreuzung bei km 10,9, indem Sie dort scharf rechts in einen steil ansteigenden Hohlweg mit der ✎ Markierung „blauer Punkt" Richtung „Belmach/Merschweiller" abbiegen. Sie erreichen den lothringischen Weiler Belmach auf der Dorfstraße, in die Sie rechts einbiegen. Vorbei an einem alten, gut erhaltenen ⌘ Waschhaus ❹ verlassen Sie das Dorf bergauf auf der Straße (✎ Markierung „roter Punkt").

Bei km 11,6 kommen Sie an die Kreuzung, an der Sie auf dem Hinweg zur Friedenskapelle abgebogen sind. Sie nehmen links den Waldweg, über den Sie vor

Blick über die Orchideenwiesen ins Dreiländereck

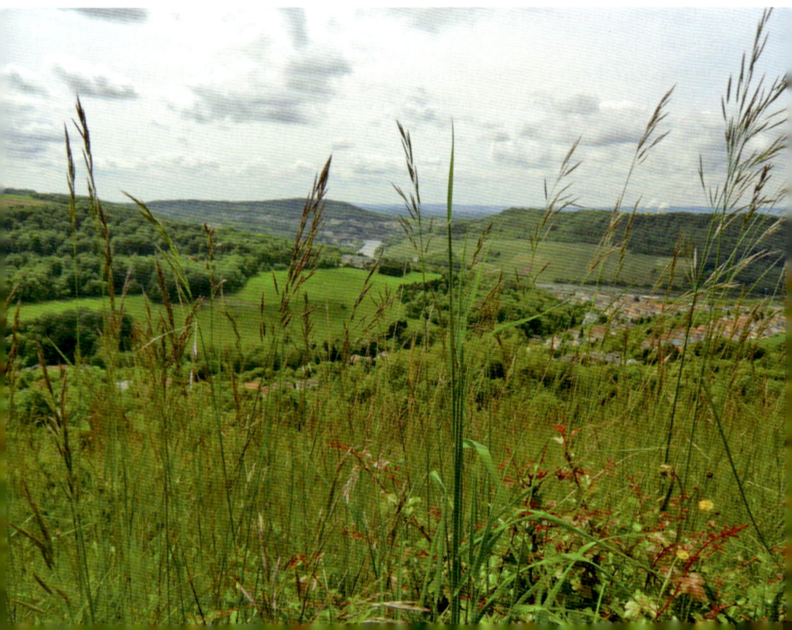

ca. 3 Std. gekommen sind, der ✎ Markierung „roter Punkt" und dem Wegweiser „Perl" folgend. Sie tauchen wieder in das Areal der ❀ Orchideenwiesen Hammelsberg ein. Nach kurzem Anstieg verlassen Sie den bekannten Weg und biegen rechts ab, gemäß der ✎ Markierung „gelbes Kreuz".

Nachdem der Wald im steten Anstieg lichter geworden ist, können Sie links die Aussicht auf das soeben durchwanderte Manderer Bachtal und später auch über das Dreiländereck genießen: das weite Tal der Mosel, die Weinberge, die lothringischen Ortschaften Apach und (dahinter) Sierck-les-Bains und im Hintergrund immer wieder die dominanten Kühltürme von Cattenom. Diese imposante Aussicht begleitet Sie auf dem Höhenweg oberhalb der Orchideenwiesen nach Perl. Rechts von Ihnen verläuft die deutsch-französische Grenze, die Sie bei km 12,5 überqueren. Nun laufen Sie auf deutschem Terrain parallel zur Grenze auf dem Perler Panoramaweg (✎ Markierung „roter Punkt").

Ein schöner Abschluss der Wanderung könnte ein Picknick in der aussichtsreichen Schutzhütte ❺ bei km 12,7 sein. Von hier aus öffnet sich auch ein Weitblick nach Nordosten über das deutsch-luxemburgische Moseltal bei Schengen, dem historischen Ort des Abbaus der europäischen Grenzkontrollen.

Nach der Rast steigen Sie weiter bergab, der ✎ Markierung „roter Punkt" folgend. Die weite Aussicht über das nun wieder französisch-luxemburgische Moseltal im Südwesten begleitet Sie fast bis zum Parkplatz. Den erreichen Sie über die bekannte unübersichtliche Wegkreuzung, indem Sie hier nach rechts ✎ Richtung „Ortsmitte Perl" abbiegen.

✕ Einkehrmöglichkeiten bieten sich im Ortskern von Perl in großer Zahl an. Als Geheimtipp möchte ich Ihnen den Grill Dreiländereck in der Nähe der Schengener Moselbrücke empfehlen. Das Lokal ist im ehemaligen Zollhaus untergebracht. Es ist originell, aber nicht jedermanns Sache. Die Speisekarte bietet alles von Pizza und Pasta über Döner bis hin zu Fleisch- und Fischgerichten. Genauso bunt sieht auch das Publikum aus: Von Gästen und Bedienung hören Sie alle Sprachen des Dreiländerecks. Am Dreiländereck 8, 66706 Perl, GPS N 49° 28.308',E 006° 22.363', ☏ 068 67/91 12 55, täglich 9:00 bis 24:00. Hunde sind wegen der offenen Dönerspieße leider nicht erlaubt.

☺ Anschließend können Sie Ihr Auto auch noch „übber de Brick" in Luxemburg volltanken (Preisdifferenz zur Zeit der Recherche ca. -15 %).

Wenn Ihnen diese Tour gefallen hat, wandern Sie doch auch einmal auf den Spuren meiner Kollegin Astrid Holler im benachbarten Großherzogtum Luxemburg: „Luxemburg – 25 Wanderungen“ von Astrid Holler, OutdoorHandbuch aus der Reihe „Regional“, Conrad Stein Verlag, ISBN 978-3-86686-490-0.

17 Schmugglerpfad

Kurze, aber erlebnisreiche Rundtour für Kulturinteressierte durch die deutsch-französische Grenzlandschaft

Im deutsch-französischen Grenzgebiet wandeln Sie auf den Spuren ehemaliger Schmuggler. Dabei gruseln Sie sich ganz nebenbei auf historischem Boden an einem ehemaligen Galgenstandort und erkunden die Reste eines Kaisergartens und einiger keltischer Hügelgräber. Außerdem können Sie nachgebaute Keltenhäuser von innen bewundern. Und abschließend kann noch die Kinderstube der Feuersalamander bestaunt werden.

- Start/Ziel: Wanderparkplatz außerhalb von Niedaltdorf nördlich der Neunkircher Straße 997 in 66780 Rehlingen-Siersburg, GPS N 49°20.748 E 006°34.546'
- 6 km
- 1 Std. 35 Min.
- 75 m/75 m
- 186-262 m
- Die Wanderung ist gut und durchgängig mit dem lila Wanderlogo „Traumschleifen Saar-Hunsrück Druidenpfad" gekennzeichnet.
- Waldwege, Pfade und Wiesenwege
- keine Einkehrmöglichkeit an der Strecke
- mehrere Rast- und Picknickbänke
- Für Kinder ist dies allein wegen der vielen Highlights (Grenzsteine, Keltenhäuser und Feuersalamander) eine spannende und nicht zu anstrengende Wanderung.
- Die Tour ist für Buggys nicht geeignet.
- Trinkstellen für Hunde finden Sie an einem kleinen Rinnsal bei den Grenzsteinen (km 1,7) und am Brunnen der Feuersalamander (km 5).
- kostenloser Parkplatz am Start/Ziel
- Vom Bahnhof in Niedaltdorf (Nebenstrecke Dillingen–Niedaltdorf, verkehrt stündlich) gehen Sie über die Niedbrücke, folgen der Neunkircher Straße bis zum Ortsausgang, biegen dort rechts ab und laufen bis zum Wanderparkplatz (ca. 1,7 km).

Vom Parkplatz wandern Sie in nördlicher Richtung über den asphaltierten Weg leicht bergauf in den Wald und auf einen kleinen Sendemast zu. Sie betreten ein Naturschutzgebiet und schon nach wenigen Metern wird es gruselig. Eine Infotafel weist Sie darauf hin, dass die kuppelförmige Geländeformation vor Ihnen die Bezeichnung „Beim Galgen" führt.

Der Name verheißt nichts Gutes. Tatsächlich wurde im Jahr 1700 an dieser Stelle ein Galgen errichtet. Dies geschah auf Geheiß der lothringischen Benediktinerabtei Bouzonville durch Zwangsverpflichtung der Niedaltdorfer Bevölkerung. Nach exakt 30 Jahren war der Galgen verfault und fiel in sich zusammen. Wieder ging eine Weisung aus Bouzonville ein und wieder wurde ein Galgen durch die Niedaltdorfer Bevölkerung errichtet. Wie oft sich dieser bürokratische Akt noch wiederholt hat, ist nicht überliefert. Von einer Hinrichtung am Niedaltdorfer Galgen wurde aber auch nie berichtet.

Bereits an der nächsten Wegkreuzung bei km 0,2 zeigt Ihnen eine weitere Infotafel, dass es an dieser Stelle einmal einen ⌘ Kaisergarten gab.

Der Kaisergarten hier in Niedaltdorf bestand ursprünglich aus neun Rosskastanienbäumen. Er wurde in der Blütezeit der Kaiserverehrung in der Übergangszeit vom 19. ins 20. Jh. angepflanzt und zwar zur Erinnerung an den Sieg über Frankreich im Deutsch-Französischen Krieg von 1870/71. Lediglich zwei der neun Bäume haben bisher das Zeitliche gesegnet.

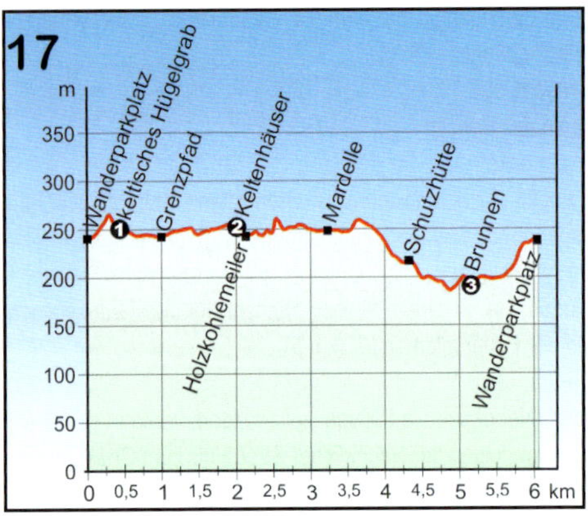

Sie werden aus dem Staunen nicht mehr herauskommen. Schon bei km 0,4 steht die nächste Infotafel. Mit etwas Fantasie können Sie hier ein ⌘ **keltisches Hügelgrab ❶** am Waldrand erkennen.

Das ursprüngliche Ausmaß des Hügelgrabes betrug 15 m im Umfang und 5 m in der Höhe. In diesem Waldstück befanden sich sogar 12 solcher Gräber. Im Zweiten Weltkrieg wurden sie fast alle durch den Bau von Unterständen und Schützengräben zerstört.

Nun können Sie endlich mal ein paar Schritte zügig gehen. Der lichte Laubwald öffnet sich zu Ihrer Linken etwas und lässt weite Blicke in die französische

Landschaft zu. Über Streuobstwiesen hinweg schauen Sie auf den Forêt de Bouzonville – ein kleiner Vorgeschmack auf den bevorstehenden Schmugglerpfad. Sie tauchen wieder in einen Wald ab und biegen bei km 1 links auf den Grenzweg zwischen Deutschland und Frankreich ein.

Der Grenzverlauf an dieser Stelle rührt aus dem Ersten und dem Zweiten Pariser Frieden (1814/15). Die Grenzsteine wurden 1830 gesetzt. Diese Jahreszahl ist deutlich in die Steine eingelassen. Auf der deutschen Seite finden Sie ein „D“ und auf der französischen ein „F“. Auf der Oberseite ist der Grenzverlauf durch eine breite Rinne markiert. Der verschlungene Weg neben den Steinen wurde häufig von Schmugglern benutzt, was ihm den Namen Schmugglerpfad einbrachte.

Im Niemandsland wandern Sie zeitweise auch neben einem Grenzgraben und entdecken immer wieder die alten Grenzsteine. Zwei besonders fotogene Exemplare finden Sie bei km 1,6 und km 1,8. Der Schmugglerpfad führt Sie am Waldrand entlang. Immer wieder haben Sie tiefe Einblicke in die lothringische Landschaft, die Sie bei km 1,4 auch auf einer Liegebank genießen können. Sie überqueren einen kleinen Bach über einen Holzsteg. Dann gehen Sie leicht bergab und wieder leicht bergauf und finden sich plötzlich auf einer Lichtung am Waldrand wieder. Zwei kleine ⌘ **Keltenhäuser** ❷ aus Stroh und Lehm dominieren diesen Platz (km 2).

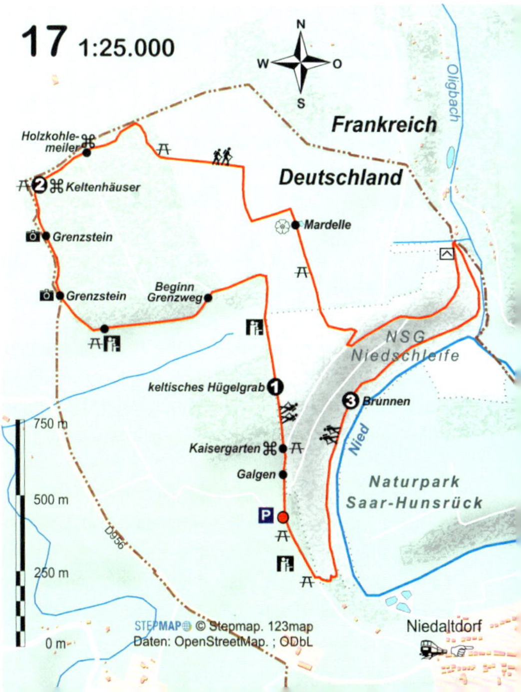

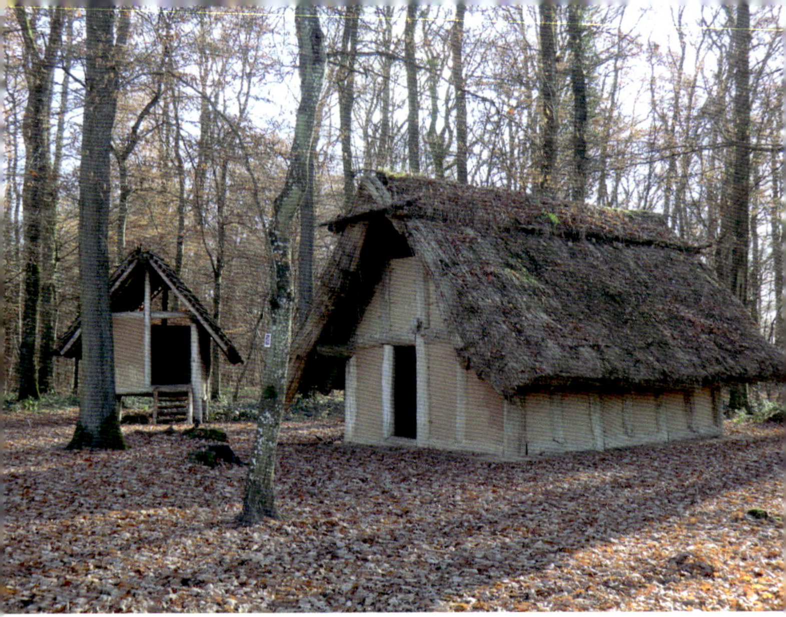

Die Keltenhäuser

⌘ Die beiden Keltenhäuser sind Reproduktionen von Häusern aus dem 3. Jh. v. Chr. Das größere, reetbedeckte Lehmhaus stellt ein Wohnhaus einer wohlhabenden Familie dar. Das zweite, kleinere Haus steht auf Stelzen und ist die Nachbildung eines geschützten Lagerhauses. Errichtet wurden die Häuser u. a. von Jugendlichen aus fünf Nationen im Zuge des internationalen Jugendgemeinschaftsdienstes.

Bevor Sie weiterwandern, können Sie an diesem historischen Platz Ihr Picknick auspacken – auf einem zünftigen keltischen ⛼ Picknicktisch. Weiter entlang des Waldrandes wandernd, der immer noch die deutsch-französische Grenze darstellt, sehen Sie rechts im lichten Laubwald einen ⌘ Holzkohlemeiler (km 2,2).

In waldreichen Gebieten wie hier an der Nied war die Köhlerei weit verbreitet. An dem Modell des Meilers können Sie die Schichtung des Holzes und deren Abdeckung aus Erde erkennen. Durch gezielten Abbrand entstand Holzkohle. Diese wurde für Prozesse mit hohen Temperaturen wie Glasherstellung und Eisenproduktion in der Zeit vor der Industrialisierung eingesetzt.

An einer Picknickbank (km 2,6) verlassen Sie den Wald und treten in eine weite, hügelige Landschaft ein, die von Weiden und Streuobstwiesen geprägt ist. Der Nahbereich ist deutsch, die ferneren Blicke zielen nach Frankreich. In einem kleinen Waldstück bei km 3,2 können Sie dann eine seltene Naturerscheinung bewundern.

Streuobstwiesen

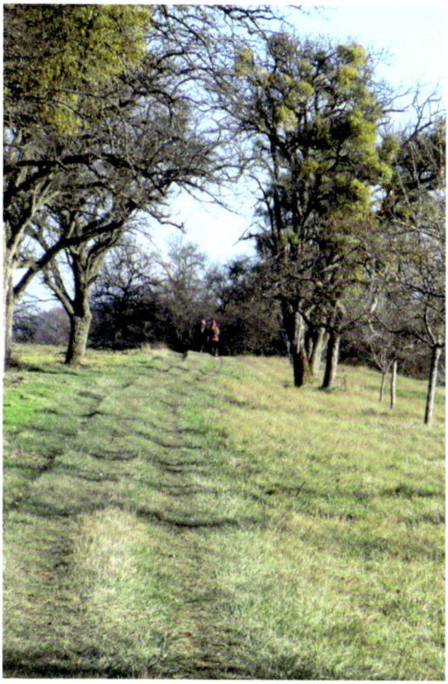

Je nach Jahreszeit erkennen Sie hier einen kleinen Tümpel oder nur eine sumpfige Stelle. Es handelt sich um eine abflusslose Senke, auch Mardelle genannt. Der Boden einer solchen Senke besteht meist aus wasserundurchlässigem Material, wie hier natürlichem Muschelkalk. Entstanden ist diese Mardelle vermutlich durch das Abgraben von Material für die benachbarten keltischen Hügelgräber vor ca. 2.000 Jahren.

Bald tauchen Sie wieder in einen dichten Mischwald ab. Der Weg führt Sie bergab zu einer Schutzhütte (km 4,3). Sie befinden sich wieder auf der deutsch-französischen Grenze, der Sie scharf rechts ein kurzes Stück folgen. Links unter Ihnen tut sich sodann ein kleiner Fluss auf, der von Deutschland kommend kurz französisch wird und dann wieder auf deutschem Boden fließt – die Nied. Sie begleiten den Fluss, der sich unter Ihnen durch eine wunderschöne Wiesenlandschaft schlängelt. Der von Efeu umrankte Pfad führt Sie durch einen unberührten Wald mit viel Totholz. Nach einiger Zeit finden Sie rechter Hand einen geheimnisvollen Brunnen ❸ (km 5,1).

Der trogförmige Brunnen wird als „**Kinderstube der Feuersalamander**“ bezeichnet. Er wird aus dem oberhalb gelegenen, feuchten Waldgebiet gespeist. Wenn Sie dieses Becken in den Monaten April bis Juli besuchen, können Sie hier die Larven des Feuersalamanders beobachten. Wenn sich ihre Lungen entwickelt haben, verlassen die jungen Salamander ihre Kinderstube. Feuersalamander sind nachtaktiv und daher tagsüber kaum zu sehen.

Der Pfad steigt leicht bergauf, bis er sich von der Nied abwendet (km 5,7). In steilen Serpentinen geht es bergauf. Am Ende der Steigung treten Sie aus dem Wald und sind von der Aussicht über die weite lothringische Landschaft bestimmt überwältigt. Genießen können Sie die Fernsicht an einem schönen überdachten Picknickplatz und kurze Zeit später auf einer Liegebank vor Ihrem Wanderparkplatz.

Mundräuber oder Schmuggler?

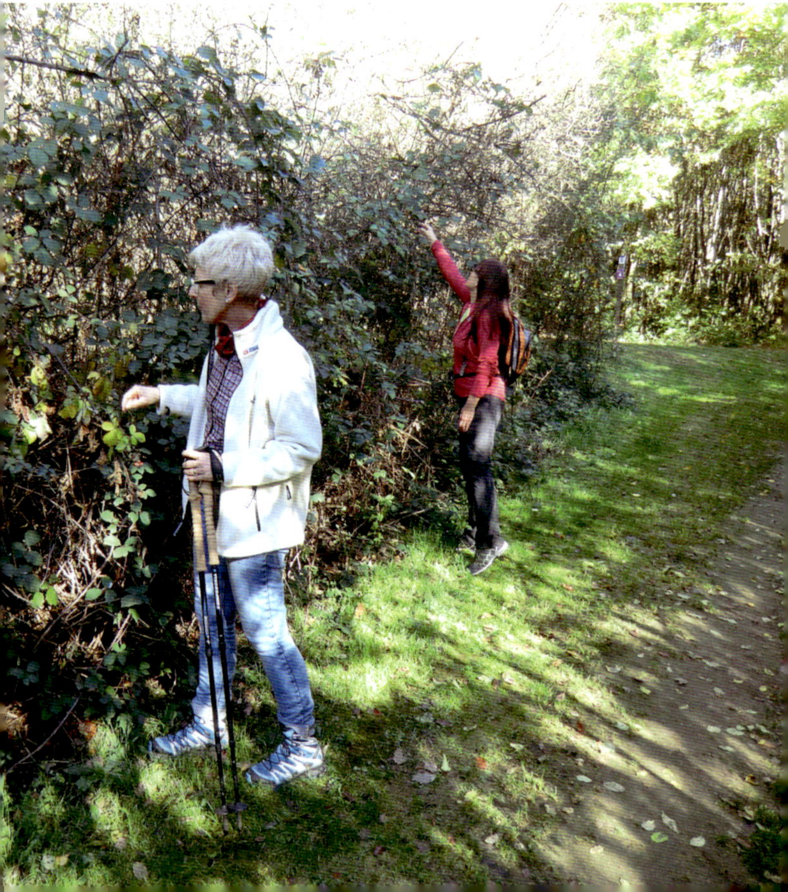

18 Grenzblickweg

Tour für Grenzgänger, die öfters mal die Seiten wechseln wollen

Der Grenzblickweg führt Sie überwiegend durch weite Landschaften mit grandiosen Aussichten. Das Besondere: Sie wechseln mehrfach zwischen Deutschland und Frankreich hin und her. Der Höhepunkt: das „geteilte Dorf" Leidingen. Durch dessen Grenzblickfenster erkunden Sie das Saarland und Lothringen grenzenlos.

- Start/Ziel: Parkplatz unterhalb der französischen Kirche in 66798 Leidingen, GPS N 49°18.319' E 006°36.561'
- 13,5 km
- 3 Std. 30 Min.
- 265 m/265 m
- 197-334 m
- durchgängig gut durch das lilafarbene Weglogo „Traumschleifen Saar-Hunsrück Grenzblickweg" gekennzeichnet
- überwiegend breite Wege in offener Landschaft
- Einkehrmöglichkeit in der Fischerhütte am Ihner Weiher (km 8,9, nur Getränke)
- mehrere Rastbänke (zum Teil mit toller Aussicht), Picknicktisch bei km 5,1
- Die ständigen Grenzüberschritte und das „geteilte Dorf" mit seinen Grenzblickfenstern sind Höhepunkte für Kinder. Allerdings ist die Wanderung mit ihren 13,5 km für jüngere Wanderer nicht unbedingt zu empfehlen.
- Die Tour ist für Buggys nicht geeignet. Wenn Sie die Wanderung allerdings „rückwärts" beginnen, können Sie die Höhepunkte französische Kirche, Grenzblickfenster und „geteiltes Dorf" auf ca. 1 km mit Ihrem Buggy auf befestigten Wegen erleben.
- Die einzige Tränke für Ihren Hund stellt der Ihner Weiher nach 9 km dar. In der heißen Jahreszeit müssen Sie für ihn Wasser für unterwegs mitnehmen.
- Es gibt einen kostenlosen Parkplatz am Start/Ziel (am südlichen Ortsrand Richtung Süden abbiegen). Wenn der Platz besetzt ist, können Sie Ihr Fahrzeug auch auf dem Braschenparkplatz oberhalb der Kirche abstellen.
- Leidingen ist mit öffentlichen Verkehrsmitteln nur sehr selten und umständlich erreichbar.

Bereits auf französischem Boden verlassen Sie den Parkplatz in südlicher Richtung bergauf an der französischen ✝ Kirche und dem Friedhof vorbei. Sie tauchen nach wenigen Metern in einen dichten Mischwald ein. Bei km 1,9, nach einer scharfen Rechtskurve, können Sie im Wald noch einige Schützengräben ❶ erkennen.

Hier im Dennenwald befanden sich zu Beginn des Zweiten Weltkrieges französische Unterstände und Maschinengewehrstellungen, die mit Lauf- und Schützengräben verbunden waren. Sie sollten das Vorfeld der dahinter liegenden Maginotlinie sichern. Die grenznahen Orte auf beiden Seiten wurden damals evakuiert.

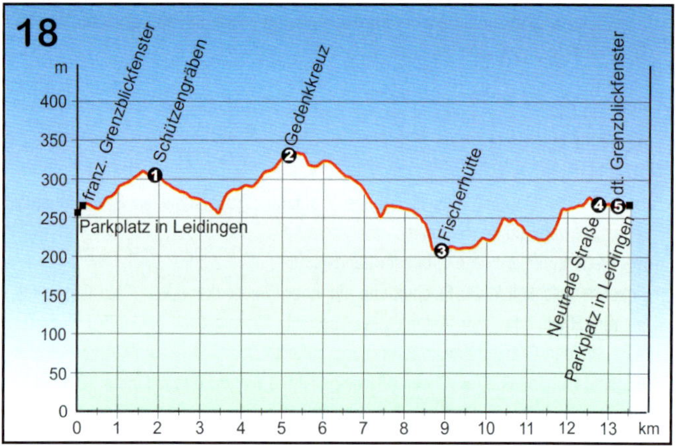

Jetzt öffnet sich die Waldlandschaft und der Blick kann über die weite Landschaft des Saargaus schweifen. Diese Aussicht können Sie auf einer Bank am Waldrand genießen. Vor Ihnen liegt das kleine französische Dorf Heinigen. An den ersten Häusern biegen Sie rechts ab. Der Wiesenweg geht in eine schmale Allee aus Büschen und Bäumen über, die sich erst kurz vor einer asphaltierten Straße wieder öffnet (km 3,4).

Der Straße folgen Sie nur wenige Meter bis zu einer Linkskurve, in der Sie geradeaus den ansteigenden Feldweg nehmen. Jetzt wandeln Sie auf neutralem Boden im Niemandsland zwischen Deutschland und Frankreich. Sie erkennen dies an den alten Grenzsteinen, die neben dem Weg ab und an aus dem hohen Gras lugen. Sie haben jetzt einen herrlichen Blick über den deutschen Saargau.

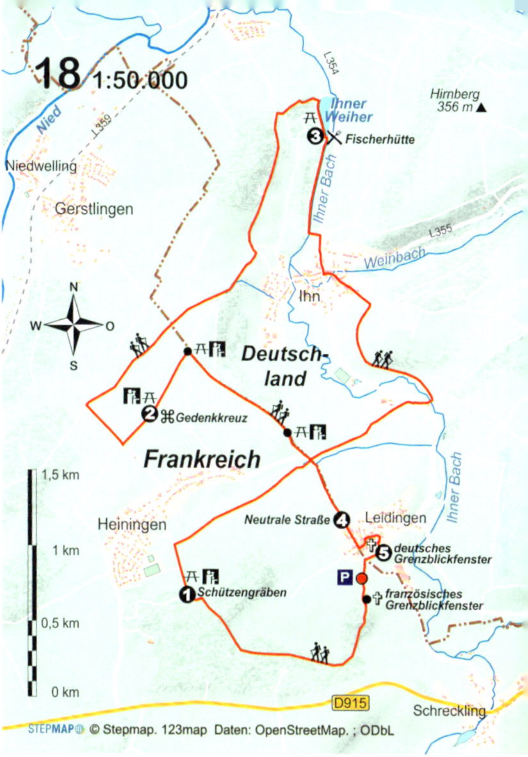

Nordöstlich erhebt sich sanft der Sonnenberg und südöstlich können Sie in ca. 5 km Entfernung die muschelförmige Halle des ehemaligen französischen Senders bei Berus mit den noch verbliebenen Sendemasten erkennen. Dieser Blick begleitet Sie während des gesamten Aufstiegs. Bei km 3,6 und km 4,5 können Sie das Panorama auch auf Ruhebänken genießen.

An der zweiten Bank biegen Sie links ab und betreten wieder französischen Boden. Leicht ansteigend erreichen Sie am höchsten Punkt eine Picknickbank (km 5,1). Von hier aus haben Sie eine 360-Grad-Aussicht über den deutschen Saargau und die französische Hügellandschaft. Nordwestlich, in ca. 20 km Entfernung, können Sie sogar die Wasserdampffahnen des französischen Kernkraftwerkes Cattenom im Moseltal erkennen. Neben der einladenden Picknickgruppe befindet sich vor einem Busch ein eindrucksvolles ⌘ **Gedenkkreuz ❷**.

Um diese Anhöhe wurde im Zweiten Weltkrieg im Mai 1940 erbittert gekämpft. Bei der Operation Bärenfang eroberte die deutsche Wehrmacht die strategisch bedeutsame französische Stellung „Höhe 335". Verluste gab es auf beiden Seiten. Das Kreuz mit zwei Inschrifttafeln, das von der Saarlouiser Fallschirmjägerkameradschaft gepflegt wird, erinnert an dieses sinnlose Gefecht. Während die französische Inschrift der französischen und deutschen Gefallenen gedenkt, erinnert die deutsche Tafel lediglich an die 19 deutschen Toten.

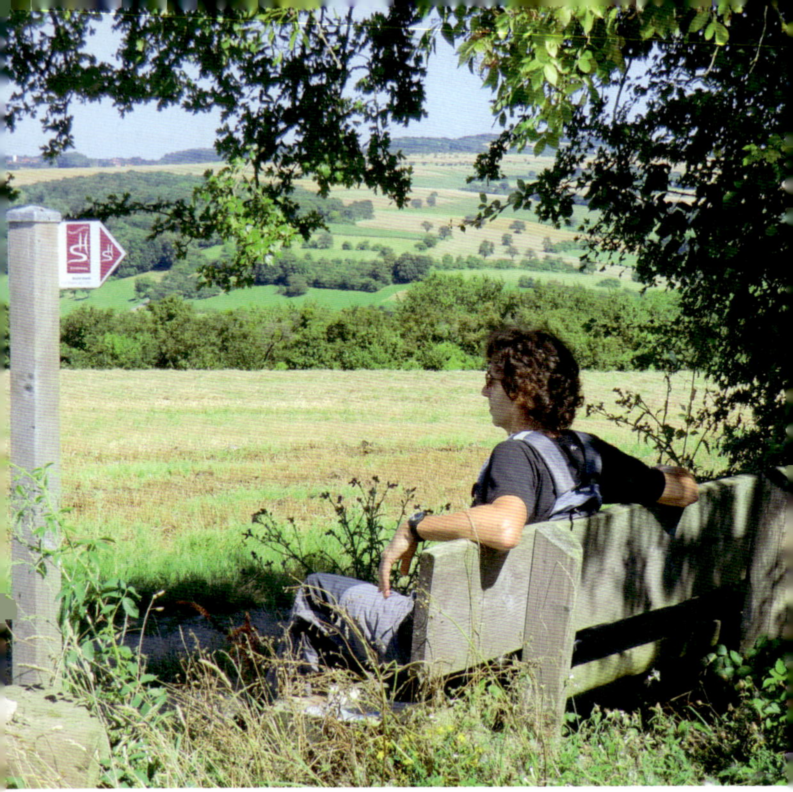

Weite Aussichten

200 m hinter der Anhöhe geht es rechts ab auf einen Panoramaweg. Der herrliche Rundumblick begleitet Sie bis zum nächsten Abzweig nach rechts nach 300 m (km 5,7). Von dem nun asphaltierten Feldweg können Sie ab und an in südöstlicher Richtung ein Sportflugzeug beobachten, das vom benachbarten Flugplatz Düren aus startet. Der Weg führt Sie an der nächsten Kreuzung, die Sie bei km 6,5 geradeaus überqueren, auf deutsches Terrain. Sie tauchen in eine Allee aus Büschen und Bäumen ein. Oberhalb der deutschen Ortschaft Ihn biegen Sie bei km 7,3 links ab. Nach kurzem Aufstieg haben Sie rechts eine schöne Aussicht über das Ihner Tal hinweg, bis Sie in einem Wald verschwinden. Bäume und Sträucher beugen sich rechts und links über den Weg. Der domartige Waldweg geht dann irgendwann in einen Waldpfad über und endet abrupt bei km 8,6.

Sie finden sich auf einer abschüssigen Wiese wieder, die an einem malerischen Waldweiher endet: der Ihner Weiher, ein Höhepunkt dieser Wanderung.

Sie halten sich am Ufer rechts und passieren zwei Bänke, von denen Sie diese idyllische Atmosphäre erst einmal in Ruhe genießen können. Neben dem Weiher bei km 8,9 lädt Sie eine Fischerhütte ❸ mit Kinderspielplatz zur Einkehr mit Seeblick ein.

Die Fischerhütte ist Di bis Fr von 15:00 bis 18:00 und So von 10:00 bis 18:00 geöffnet und bietet lediglich eine kleine Getränkekarte.

Der idyllische Ihner Weiher

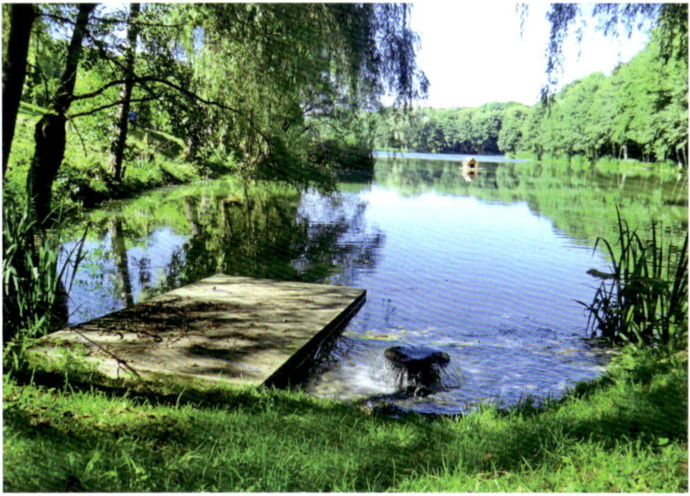

Nach der Rast folgen Sie weiter der Wegführung. Am Ende des Weihers betreten Sie wieder eine Waldlandschaft. Das Plätschern des Ihner Baches, der den Weiher speist, begleitet Ihren Weg. Mal entfernt sich der Bach, mal kommt er wieder näher. Bei km 9,6 überqueren Sie den Bachlauf über eine asphaltierte Brücke. Sie erreichen jetzt das kleine Dorf Ihn und laufen auf der gekennzeichneten Route ein kurzes Stück über die Hauptstraße. Nachdem Sie links abgebogen sind, passieren Sie einige selten schöne und alte Bauernhäuser, die z. T. liebevoll restauriert sind. Sie verlassen das Dorf über einen ansteigenden, asphaltierten

Feldweg. Bei der nächsten Möglichkeit biegen Sie bei km 10,3 rechts ab und wandern auf gleicher Höhe, während Sie rechts einen wunderbaren Blick über das Dorf Ihn und den dahinterliegenden Saargau haben. Kurzzeitig laufen Sie wieder unter einem Dach aus Büschen und Bäumen, bis Sie eine kleine Brücke erneut über den Ihner Bach führt. Vorbei an einer ehemaligen Mühle überqueren Sie vorsichtig eine Landstraße. Während Sie stetig bergauf durch Streuobstwiesen wandern, vorbei an einigen einsamen Gehöften, öffnet die Landschaft sich wieder und lässt weite Blicke in den Talkessel von Ihn zu. Bei km 12,2 treffen Sie auf eine Landstraße, die Sie an dieser Stelle schon einmal bei km 3,4 tangiert haben. Sie biegen links in die Landstraße ein, die hier gleichzeitig die deutsch-französische Grenze markiert. Für die nächsten 500 m müssen Sie leider diese wenig befahrene Straße benutzen. Gehen Sie auf der linken Seite, um die gelegentlich entgegenkommenden Autos beobachten zu können, und nehmen Sie Ihren Vierbeiner an die kurze Leine.

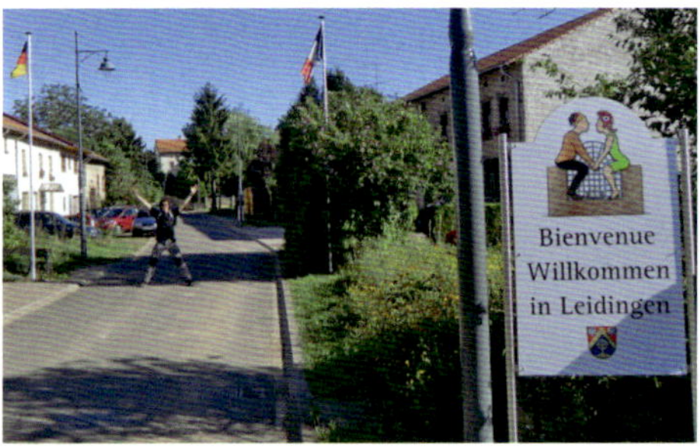

Die Neutrale Straße

Die Straße führt Sie in den Ort Leidingen. Da sie gleichzeitig die Grenze darstellt, können Sie es schon erahnen: Die Ortschaft ist deutsch und gleichzeitig französisch. Die Durchgangsstraße heißt auf der linken Seite „**Neutrale Straße**" ❹ und auf der rechten „Rue de la Frontière". Sie teilt den Ort eben in diese beiden Teile. Am Ortsanfang werden Sie von zwei Fahnen begrüßt: rechts die französische und links die deutsche. Das Spiel setzt sich fort: Rechts parken Autos mit französischem Nummernschild und links welche mit deutschem. Zwei Postboten, zwei Kirchen, zwei Feuerwehren – alles in einem winzigen Ort. Lediglich die Trinkwasserversorgung ist seit Neuestem fest in deutscher Hand.

Leidingen wurde durch den Wiener Kongress 1814 ein geteiltes Dorf. Seitdem ist es ein Spielball der Politik. Als beispielsweise die Nationalsozialisten den Franzosen nicht mehr erlaubten, die deutsche Kirche zu besuchen, wurde 1939 am Waldrand auf französischer Seite eine neue gebaut.

Sie folgen der Wegführung vorbei an der deutschen ✞ Kirche und dem Friedhof bis zu dem berühmten ⌘ **„Grenzblickfenster"** ❺. Schauen Sie hindurch: Sie blicken auf die französische ✞ Kirche und entdecken auf der französischen Seite unterhalb der Kirche das gleiche „Grenzblickfenster".

Grenzblickfenster

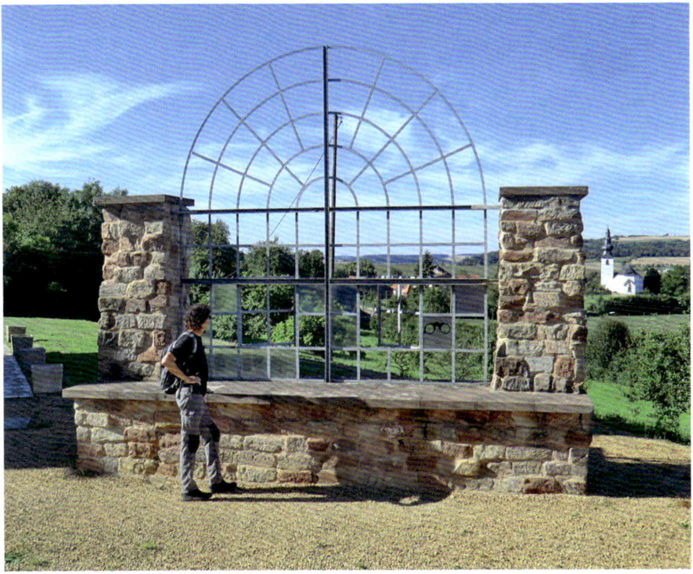

⌘ Die Grenzblickfenster sind zwei hohe Industriefenster aus Stahl, Beton und Glas. Im Abstand von ca. 300 m erlauben sie einen „grenzenlosen" Blick vom Saarland nach Lothringen und umgekehrt. Sie wurden als Symbole der Gemeinsamkeit 2012 eingeweiht.

Dem markierten Weg folgend überqueren Sie die Landstraße und damit die Grenze nach Frankreich und befinden sich nach 100 m wieder bei Ihrem Auto. Versäumen Sie es aber nicht, vor der Rückfahrt einen kurzen Abstecher zum französischen Grenzblickfenster unterhalb der Kirche zu machen, um zurück nach „drüben" zu schauen.

⑲ Chemin de la Frontière

Sehr erlebnisreiche Wanderung für Genießer von herrlichen Aussichten in das deutsch-französische Grenzgebiet

Die leichte Tour führt Sie vom Europadenkmal über die Orannakapelle zur deutsch-französischen Grenze. Sie lernen das typisch lothringische Örtchen Berviller kennen. Der Rückweg beschert Ihnen auf einer Hochebene ein 360-Grad-Panorama über die beiden Länder. Abschließend erfahren Sie in einem Naturschutzgebiet auch noch etwas über die Industriegeschichte dieser Grenzregion.

Start/Ziel: Wanderparkplatz in 66802 Überherrn-Berus, Orannastraße 29a, GPS N 49°15.980' E 006°41.146'

7 km

1 Std. 50 Min.

106 m/106 m

265-370 m

Die Route ist spärlich, aber durchgehend mit dem Wanderlogo des offiziellen Europaemblems (zwölf gelbe Sterne auf blauem Untergrund) gekennzeichnet. Bei km 1,3 führt das Logo in die falsche Richtung und bei km 6,2 fehlt es bei einer Abzweigung. In beiden Fällen wird im Text auf den richtigen Weg hingewiesen.

überwiegend bequeme Wege in offener Landschaft

Chalet du Chemin (km 3,7, Speisen sollten Sie vorbestellen!)

Auf dieser eher kurzen Wanderung finden Sie ausreichend Rastbänke. Picknicktische befinden sich bei km 4,5, km 5,2 und am Ende bzw. Anfang des Rundkurses.

Die Grenzüberschreitungen, die vielen Erlebnisstationen und die Nähe zu den gigantischen Windrädern werden Ihre Kinder für diese kurze Wanderung motivieren. Außerdem verrate ich Ihnen noch ein Geheimnis: Der Wirt des Chalet du Chemin bei km 3,7 soll ein Zauberer sein!

Die Tour ist mit dem Buggy begehbar, bis zum Windrad bei km 4,7 sogar recht gut.

In der französischen Ortschaft Berviller befindet sich ein Brunnen (km 3,1). Das Chalet du Chemin (km 3,7) bietet auch eine Hundetränke an. Im Ort Berviller werden Sie und Ihr Vierbeiner von etlichen laut kläffenden Hofhunden begrüßt.

P kostenloser Parkplatz am Start/Ziel im oberen Berus

Ab „Saarlouis Bahnhof“ fahren Sie mit dem Bus Nr. 401 bis „Saarlouis ZOB Kleiner Markt“. Dort steigen Sie in Bus Nr. 409 bis „Berus Bergfried“ um. Von dort sind es ca. 500 m Fußweg bergauf über die Orannastraße bis zum Europadenkmal. Busse verkehren stündlich.

Schon bei der Anfahrt fällt Ihnen neben dem Parkplatz sicher ein futuristisches Gebilde aus Beton und Stahl auf – das ⌘ **Europadenkmal ❶**.

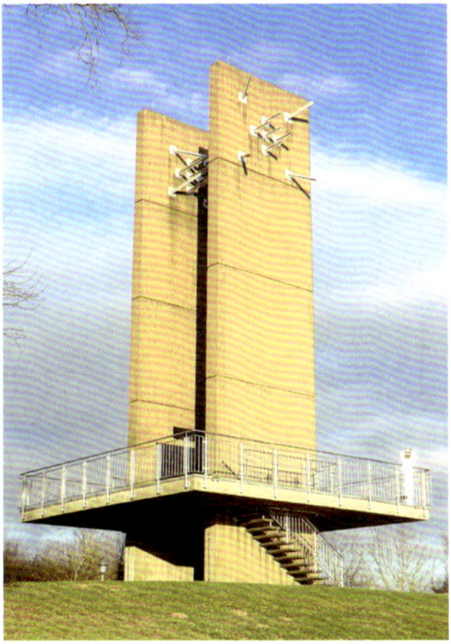

Das Europadenkmal

⌘ Das Europadenkmal wurde im Jahr 1970 eingeweiht. Es besteht aus zwei 18 m hohen Stahlbetonscheiben, die die beiden Länder Frankreich und Deutschland symbolisieren. Sie entspringen einer begehbaren Plattform, den gemeinsamen geschichtlichen Wurzeln der befreundeten Staaten. Parallel ragen die Betonscheiben in die Höhe und versinnbildlichen so das lange geschichtliche Nebeneinander der Völker. Erst im oberen Bereich des Denkmals werden die Platten durch ein Strahlenbündel aus Metallstäben miteinander verbunden – stellvertretend für die heutigen vielfältigen partnerschaftlichen Beziehungen unserer Länder.

Der Wanderweg führt Sie entlang der Orannastraße in nordwestliche Richtung.

Schon nach 700 m öffnet sich die Landschaft und Sie haben auf einer Bank eine herrliche Aussicht nach Nordwesten. Sie überblicken das Saartal bei Saarlouis, der heimlichen Hauptstadt des Saarlandes. Als Landmarken erkennen Sie die Kühltürme des stillgelegten Ensdorfer Kohlekraftwerkes und die Bergehalde Ensdorf mit ihrem Saarpolygon. Blickfang in der näheren Umgebung ist ein muschelförmiger Bau mit einem Sendeturm auf dem benachbarten Sauberg in ca. 1,2 km Entfernung.

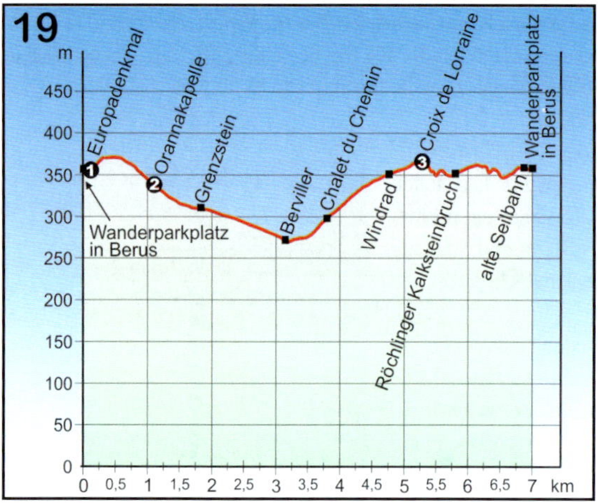

⌘ Das auffällige Gebäude besteht aus einem scheinbar frei schwebenden, gewölbten Stahlbetondach und einer breiten Glasfront. Bis zum Jahr 2015 sendete hier der französische Sender „Europe 1" von deutschem Boden aus über Langwelle nach Frankreich und Südwestdeutschland. Hintergrund ist die französische Funkhoheit aus dem Jahr 1952 über das damals autonome Saarland. Die Sendehalle gilt weltweit als das erste Bauwerk dieser Art und steht deshalb unter Denkmalschutz.

Mit diesem Blick wandern Sie weiter, bis Sie bei km 1,1 auf die ✞ **Orannakapelle ❷** stoßen.

Die heilige Oranna, deren Reliquien sich in der Kapelle befinden, war eine Einsiedlerin und Missionarin aus dem 16. Jh. Ihr wurden heilende Kräfte bei Kopfschmerzen und Ohrenleiden nachgesagt. Vor der Kapelle befindet sich ein Brunnen mit einer Bronzestatue der Heiligen. Dem Wasser werden ebenfalls Heilkräfte zugeschrieben. Aber viel spannender ist, dass die Heilige auch heute noch als Ehestifterin fungiert. Dazu rufen junge Frauen in der Kapelle Oranna in feinstem saarländischem Platt an: „Heilisch Orann, bescher mer en Mann! Kä Rooder, kä Seffer, kä Schmesser well isch hann ...." (Für den Nichtsaarländer: „Heilige Oranna, beschere mir einen Mann! Keinen Rothaarigen, keinen Säufer, keinen Raufbold will ich haben ...")

Sie folgen der geteerten Straße weiter bergab und biegen bei km 1,3 links in einen breiten Feldweg ab. An dieser Stelle will Sie das Wanderlogo fälschlicherweise geradeaus führen. Das Waldstück öffnet sich bei km 1,6 und gibt den Blick frei. Vor Ihnen befindet sich ein breites Tal, das Sie nach Frankreich führt. Die weiten Talhänge bestehen aus Äckern und Weideland. Blickfänge sind drei gigantische Windräder, die durchaus hörbar auf den nahen Hochebenen ihr ökologisches Werk verrichten. Um die Akzeptanz in der viel zu nah gelegenen Nachbarschaft zu erhöhen, haben die Anlagen sogar weibliche Vornamen bekommen. Rechter Hand erkennen Sie Adèle und Marie-Chantal und links Geneviève – eine schlanker als die andere. Und Sie merken schon, dass das ziemlich französisch klingt. Aber noch stehen Sie auf deutschem Boden.

Noch während Sie staunend die weite Landschaft genießen, stolpern Sie wenige Meter weiter über ein in den Weg eingelassenes gepflastertes Band (km 1,7).

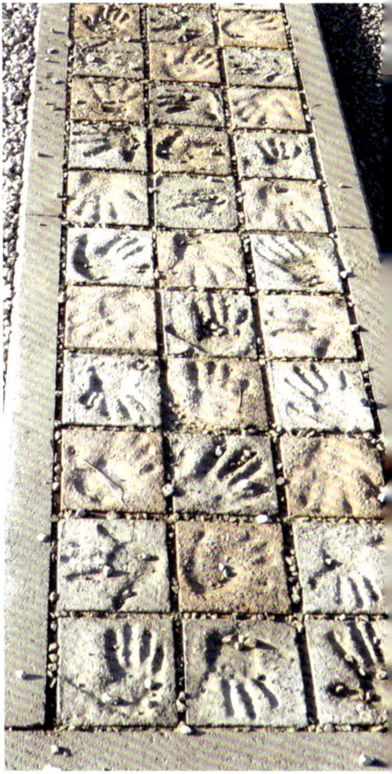

Kinderhände

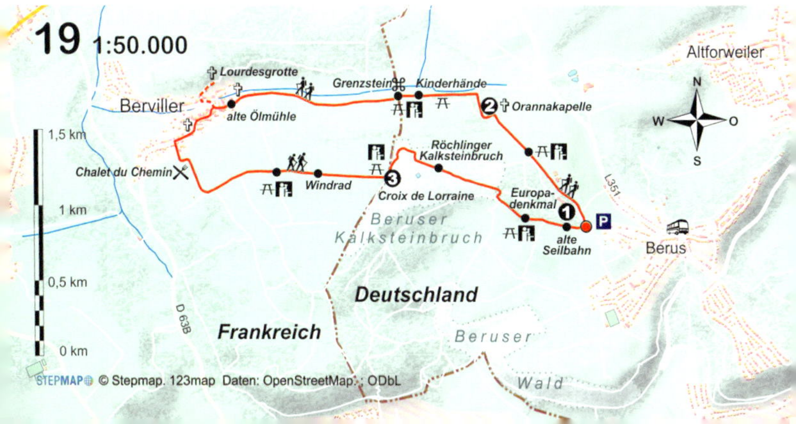

⌘ Sie stehen vor dem Kunstobjekt „Vis à Vis" der einheimischen Künstlerin Kenn-Fontaine. 250 Kinder der benachbarten Grundschulen aus Frankreich und Deutschland haben ihren Händeabdruck in dem noch feuchten Betonpflastersteinen verewigt. Dieses Symbol der länderübergreifenden Freundschaft betont die Bedeutung des grenzüberschreitenden Weges.

Nur 100 m weiter erwartet Sie rechts ein sehr modern gestalteter ⌘ Grenzstein. Jetzt betreten Sie französischen Boden.

⌘ Eigentlich stellt der Stein genau das Gegenteil eines Grenzsteines dar. Der Beruser Künstler Gerhard Tänzer nennt ihn daher auch „Stein des offenen Weges". Der Stein trägt die Aufschrift „von mir zu dir – zu mir von dir" auf Deutsch und Französisch als Symbol für die Verbundenheit zwischen den Menschen in dieser Grenzregion.

Moderner Grenzstein

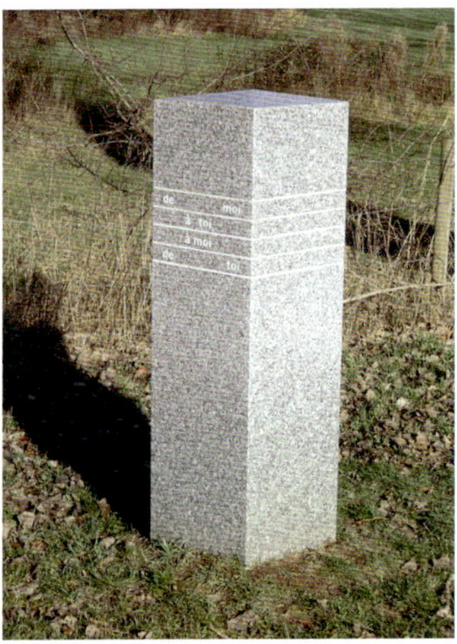

Weitere 100 m weiter – jetzt auf französischem Boden – wiederholt sich das nette Spiel mit den Kinderhänden. Parallel zum Hofbach, der seit der Grenze Weissbach heißt, geht es jetzt nach Frankreich hinein. Nachdem Sie die erste Wohnbebauung erspäht haben, finden Sie bei km 2,9 auf der rechten Seite leicht versteckt ein kleines Kapellchen, die ✝ Chapelle Saint Blaise.

An der Kapelle vorbei fällt Ihr Blick auf das nächste, rechts leicht zurückgesetzte, liebevoll hergerichtete Gebäude (km 3). Der adrette 📷 Bauernhof war einmal eine alte Ölmühle.

Sie haben jetzt das hübsche lothringische Dorf Berviller betreten und finden sich auch bald auf dem zentralen Dorfplatz wieder (km 3,1). Auf dem Place St-Rémy steht die rekonstruierte Fassade des ehemaligen Waschhauses aus dem 19. Jh. Der Name des Platzes erinnert an das Dorf St-Rémy-en-Montorillon im Département Vienne, wohin die Einwohner im Zweiten Weltkrieg evakuiert wurden.

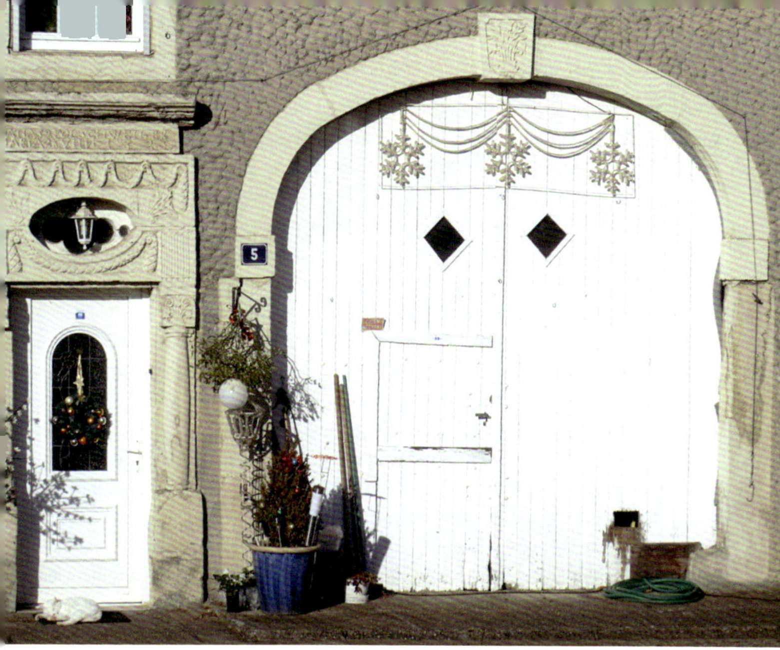

Scheunentor und Haustür eines alten lothringischen Bauernhauses

Von hier aus fällt Ihr Blick unweigerlich nach Norden auf ein Natursteinbauwerk hoch über der Ortschaft: die ✞ Lourdesgrotte.

↳ Ich empfehle Ihnen einen kurzen Abstecher zu der ✞ Grotte. Dazu gehen Sie Richtung Norden über die Rue Principale in den Chemin de la Grotte (ca. 200 m). Die im Jungenwald gelegene Marienkultstätte ist der berühmten Grotte in Lourdes nachempfunden. Sie wurde von den Einwohnern im Jahr 1952 erbaut, aus Dankbarkeit dafür, dass ihr Dorf im Krieg nicht zerstört wurde.

Vom Place St-Rémy folgen Sie der Beschilderung geradeaus und stehen bald vor dem Ensemble aus ✞ Kirche und Mairie (km 3,4).

✞ Die Kirche stammt aus dem 18. Jh. und wurde in den 1990er-Jahren renoviert. Sehenswert sind die herrlichen Fenster, die zum großen Teil von Familien aus dem Dorf gespendet wurden. Das ehemalige Pfarrhaus aus dem 19. Jh. wird heute als Rathaus (Mairie) genutzt.

An der nächsten Möglichkeit biegen Sie links ab, hinauf in den Chemin de la Carrière. Am Ende der Straße treffen Sie auf eine sehr interessante ✕ Einkehrmöglichkeit.

✕ Das Chalet du Chemin ist ein Blockhaus mit Biergarten und herrlicher Aussicht in das lothringische Hügelland. Der Patron verzichtet auf eine feste Speisekarte und bedient Sie mit flotten Sprüchen. Sprechen Sie Ihn doch einmal auf sein Talent als Zauberer an! Speisen sollten Sie vorbestellen. ☏ 00 33/(0)3 87 63 97 03 oder 00 33/(0)6 74 41 04 87, 💻 www.lechalet-du-chemin-et-sa-roulotte-berviller.com, Mi-Sa ab 14:30, So ab 11:00. Ihr Hund ist im Außenbereich willkommen.

Sie folgen dem asphaltierten Weg weiter bergauf. ✋ Wenn der geteerte Weg endet, halten Sie sich die nächsten 1,3 km weiter geradeaus und folgen **nicht** der Wegführung der „Tafel Tour". Sie wandern leicht bergauf durch schöne Streuobstwiesen direkt auf Geneviève zu – Sie erinnern sich noch an das schlanke Windrad? Kurz bevor Sie auf Ihre neue Freundin treffen, finden Sie bei km 4,5 auf dem höchsten Punkt dieser Hochebene einen Picknicktisch mit phänomenalem 360-Grad-Panorama vor. Im Osten blicken Sie auf Deutschland. Sie sehen den alten Europasender mit seinen extrem hohen Sendemasten. Im Norden entdecken Sie Adèle und Marie-Chantal hinter dem Jungenwald, in dem sich die Lourdesgrotte versteckt. Im Westen schauen Sie auf die weite lothringische Hügellandschaft. Im Süden fällt hinter zwei Windrädern (Anne und Sylvie) eine recht mächtige Überlandleitung auf, eine europäische „Stromautobahn", die Nord- und Südeuropa miteinander verbindet.

Wenige Meter weiter stehen Sie direkt unter der 100 m hohen Geneviève und können die gigantischen Flügelräder einmal von unten bewundern. Weiter geht es, das 360-Grad-Panorama immer im Blick, bis zum Waldrand. Dort treffen Sie auf das **„Croix de Lorraine" ❸** mit einem schönen Picknicktisch aus Stein (km 5,2)

Aus einem von Wanderern zusammengetragenen Steinhaufen ragt ein Holzstamm heraus, auf dem ein Doppelkreuz montiert ist, das Lothringer Kreuz. Im Mittelalter Symbol des Christentums, galt es im Zweiten Weltkrieg als Symbol des französischen Widerstands gegen die deutsche Besatzungsmacht. Heute mahnt das „Croix de Lorraine" zur Freundschaft zwischen den einst so zerstrittenen Ländern.

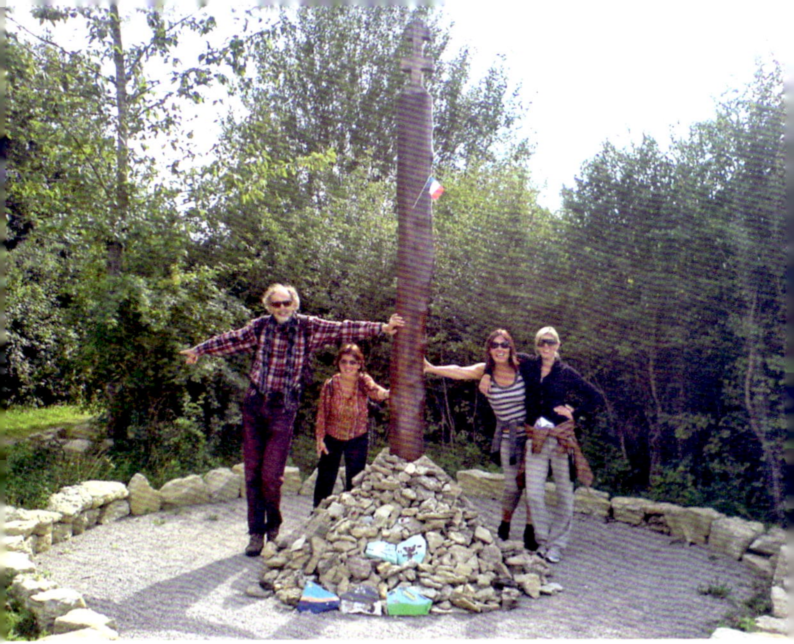

Das Lothringer Kreuz auf der Grenze

Das Kreuz steht auf der deutsch-französischen Grenze. Ab jetzt wandern Sie wieder in Ihrem Heimatland. Sie halten sich am Kreuz links und tauchen in ein niedriges Waldstück ab. Nach wenigen Metern schauen Sie auf einen alten, verwunschenen Steinbruch herab (km 5,4), der Teil eines Naturschutzgebietes ist. Durch einen verwilderten, niedrigen Wald kommen Sie an einer lichten Stelle zu einer mit Steinen beladenen Lore (km 5,8).

Sie befinden sich im alten Röchlinger Kalksteinbruch. Einst betrieb die Familie Röchling die Völklinger Hütte zur Stahlherstellung. Der hierzu benötigte Kalk wurde in dieser Gegend gebrochen und über eine Lorentrasse abtransportiert.

Ohne Höhendifferenz geht es durch einen Hohlweg weiter. Sie wandern auf der ehemaligen Trasse der Lorenbahn. ✋ Bei km 6,2 biegen Sie rechts ab und folgen dem ✎ Wegweiser „Tafel Tour Start/Ziel Europa Denkmal 0,8 km“; hier fehlt das Logo des Grenzweges. Bald gelangen Sie an eine ⛩ Bank mit weiter Aussicht über das lothringische Hügelland (km 6,5). Am Horizont können Sie

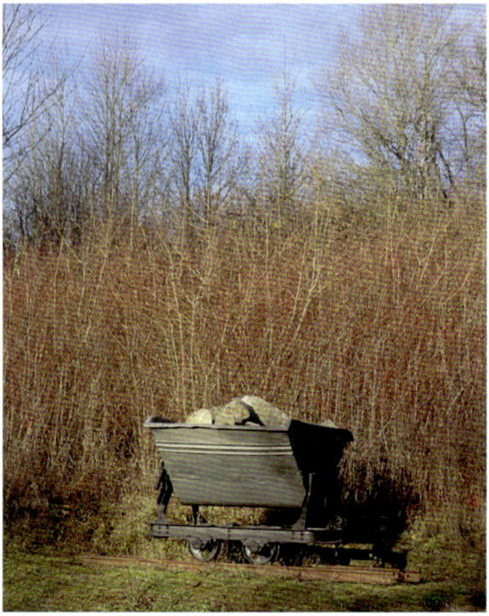

Lore im alten Röchlinger Kalksteinbruch

auch die Wasserdampfschwaden des lothringischen Kohlekraftwerkes im Chemiestandort Carling erkennen. Einige Meter weiter passieren Sie eine auffällige alte Stützmauer (km 6,8).

Hier befand sich bis in die Nachkriegszeit eine Seilbahnanlage. Die Loren aus dem Kalksteinbruch „schwebten" einst über eine Länge von 3 km an 80 Masten hängend ins benachbarte Kalkwerk nach Überherrn hinab. Mit dem Kalk wurde die Völklinger Hütte beliefert. Die Völklinger Hütte ist mittlerweile UNESCO-Weltkulturerbe.

☺ Ein Abstecher in die ca. 20 km entfernte Völklinger Hütte ist ein absolutes Muss für jeden Saarlandbesucher. Die gigantische Stahlerzeugungsmaschinerie ist seit den 1980er-Jahren stillgelegt. In spannenden Rundgängen ist der beeindruckende Industriekomplex – z. B. die Hochöfen und die weiten Außenanlagen – zu besichtigen. Besonders zu empfehlen sind auch die kulturellen Veranstaltungen und wechselnden Ausstellungen in der einstigen Gebläsehalle.

♦ Rathausstraße 75-79, 66333 Völklingen, GPS N 49°14.830' E 006°50.705', ☏ 068 98/910 01 00, 💻 www.voelklinger-huette.org, Ende März bis Anfang Nov. tägl. 10:00-19:00, Anfang Nov. bis Ende März tägl. 10:00-18:00, ☺ dienstagnachmittags ab 15:00 freier Eintritt

Jetzt sind Sie auch schon fast am Ende der Wanderung angekommen. Das ⌘ Europadenkmal steht vor Ihnen und rechts davon haben Sie auf drei Liegebänken noch einmal die Gelegenheit, Ihren Blick über die weite lothringische Landschaft schweifen zu lassen.

20 Um den Lac de Creutzwald

Kurze, aber erlebnisreiche Tour für Kinder und entspannte Spaziergänger

Die kurze und flache Rundtour stellt sowohl für Kinder als auch für industriehistorisch interessierte Erwachsene ein echtes Erlebnis dar. Spielplätze, eine Minigolfanlage und Wasservögel werden Ihren Nachwuchs faszinieren, während Sie einen kurzen Einblick in die lothringische Geschichte und in das frühe französische Bergbaugeschehen bekommen.

- Start/Ziel: Parkplatz in 57150 Creutzwald gegenüber der 1 Rue de la Bonne Fontaine, GPS N 49°11.953' E 006°41.473'
- 4,2 km
- 1 Std. 10 Min
- 16 m/16 m
- 206-225 m
- keine Markierung
- breiter, geteerter Weg, lediglich um den zweiten See herum Waldweg
- Eine Einkehrmöglichkeit finden Sie am Ende der Tour.
- Rund um den Lac de Creutzwald befinden sich zahlreiche Rastbänke und bei km 3,4 zwei Picknickplätze. Bei der Umrundung des zweiten Sees finden Sie bei km 2,4 eine Bank vor.
- Der flache Rundweg bietet für Kinder zahlreiche Attraktionen.
- Die Tour ist mit Buggys gut begehbar. Die Umrundung des Lac de Creutzwald ist auf geteertem Promenadenweg problemlos möglich (2,4 km). Bei der Umrundung des zweiten Sees hinter der Rue de Valence kann es stellenweise etwas holprig werden.
- Das Schild „Tenir les Chiens en Laisse“ weist Sie darauf hin, dass auf dem Promenadenweg um den Lac de Creutzwald Leinenzwang herrscht.
- kostenloser Parkplatz am Start/Ziel
- Ab „Saarlouis Bahnhof“ fahren Sie mit dem Bus Nr. 401 bis „ZOB Kleiner Markt“. Dort steigen Sie in Bus Nr. MS2 bis „Creutzwald, Gare Routière” um. Von dort aus ist es ca. 1 km Fußweg in südlicher Richtung über die Rue de la Gare bis zum Start der Rundwanderung. Busse verkehren nur dreimal am Tag.

Das kleine französische Städtchen Creutzwald war wie alle lothringischen Kommunen ein Spielball der deutsch-französischen Geschichte. Bis zum

Deutsch-Französischen Krieg 1870/71 stand es unter französischer Herrschaft. Danach gehörte es zum „Reichsland Elsaß-Lothringen". Nach dem Ersten Weltkrieg ging Creutzwald durch den Versailler Vertrag 1918 wieder an Frankreich. Im Zweiten Weltkrieg annektierten die Deutschen das Städtchen im Jahr 1940. Seit dem Potsdamer Abkommen 1945 gehört es nun wieder zu Frankreich – ein unfreiwilliges, historisches Wechselbad in den letzen Jahrhunderten.

Vom Parkplatz aus werden Ihnen – falls Sie mit Kind wandern – Ihre Kleinen schon den richtigen Einstieg in die Seeumrundung zeigen: Sie werden den nahen Spielplatz am Seeufer erstürmen. Um sie dort wieder loszueisen, können Sie ihnen getrost versprechen, dass noch ein größerer Spielplatz auf sie wartet.

Sie halten sich rechts und wandern am Seeufer entlang auf dem geteerten Promenadenweg durch einen parkähnlichen Grünstreifen.

Durch den Parc Quinchez floss einst ein Kanal, an dem im 19. Jh. von der Familie Quinchez eine Eisenschmiede und eine Gießerei betrieben wurden.

Die Hühnerinsel

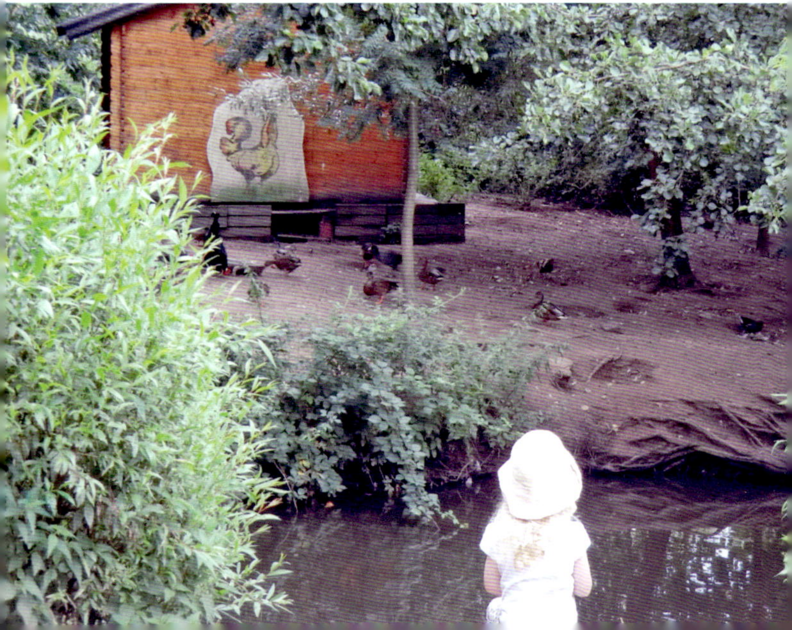

Schon nach 500 m gibt es für Ihren Nachwuchs eine 👪 Klangstation am Seeufer zu entdecken. Mit einem Stöckchen kann das öffentliche Xylofon kräftig bearbeitet werden. Im weiteren Verlauf können Sie rechter Hand hinter den Gärten einige alte Bauernhäuser bewundern (km 0,9). 👪 Kurz danach werden sich Ihre Kinder sicher für eine nahe Insel im See ❶ begeistern.

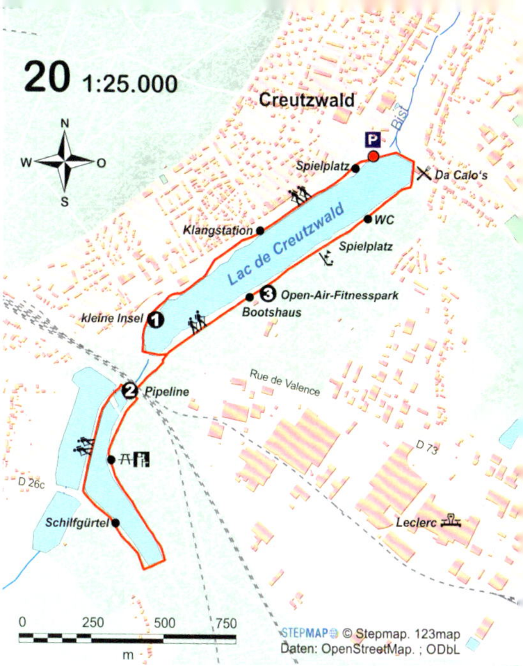

Das Geschnatter und Gegacker stammt von dort frei laufenden Hühnern und Enten.

Bei der weiteren Umrundung des Sees überqueren Sie den Seezufluss Bist über eine kleine Brücke. Kurz dahinter biegen Sie scharf rechts ab, passieren über einen Zebrastreifen die Rue de Valence und tauchen entlang der Bist für einige Meter in ein kleines Wäldchen ein. Unter einer mächtigen Eisenbahnbrücke hindurch gelangen Sie an ein Stauwerk, vor dem Sie rechts abbiegen (km 1,3).

Unmittelbar hinter der Brücke macht Sie lautes Rauschen auf eine dicke Pipeline aufmerksam, die Wasser in die Bist einspeist. Es handelt sich um die Einleitung von Grubenwasser ❷ zur Trockenhaltung der umliegenden stillgelegten Bergbauschächte.

50 m weiter biegen Sie links auf einen breiten Damm ab, der zwei kleine Seen voneinander trennt.

Diese beiden Seen stellen ein Wasserreservoir des französischen Kraftwerksbetreibers E.ON France dar. Alle drei Seen sind künstliche Stauseen der Bist. Schon früh wurde die Bist in einem 2,7 km langen Hüttenkanal gestaut, da sie in Trockenzeiten wenig Wasser führte. Dadurch konnten die Mühlen einst ganzjährig bewirtschaftet werden, um die Gebläse der ersten Eisenhütten zu betreiben und Eisenerze zu zerkleinern. Der ehemalige Bergbaukomplex „La Houve" wurde im Jahr 2004 endgültig stillgelegt.

Einen weiteren Einblick in die Auswirkungen des lothringischen Bergbaus bekommen Sie auf der ☞ Wanderung Nr. 21, „Die Carrière Freyming-Merlebach".

Sie folgen geradeaus dem Dammweg, der jetzt von Bäumen gesäumt wird. Nach einigen Metern erstreckt sich linker Hand ein breiter Schilfgürtel, in dem seltene Wasservögel brüten. Mit etwas Glück können Ihre Kinder auch einen Fischreiher „bei der Arbeit" beobachten.

Das Ende des Sees umrunden Sie und laufen auf der anderen Seite am Ufer zurück. Zur Freude Ihrer Kleinen passieren Sie dabei einige Stellen, die einen direkten Zugang zum kühlen Nass zulassen. Von hier aus haben Sie auch einen Blick in das gegenüberliegende Schilffeld. Auf breitem Waldweg gelangen Sie zur bekannten Eisenbahnbrücke und auf gleichem Weg zurück zum Lac de Creutzwald.

Die fortgesetzte Umrundung führt Sie wieder auf geteertem Weg durch weite Liegewiesen. Bei km 3,4 passieren Sie ⛼ zwei Picknicktische und ein Bootshaus, von dem aus kleine Segelboote für Kinder ins Wasser gelassen werden.

Der Open-Air-Fitnesspark

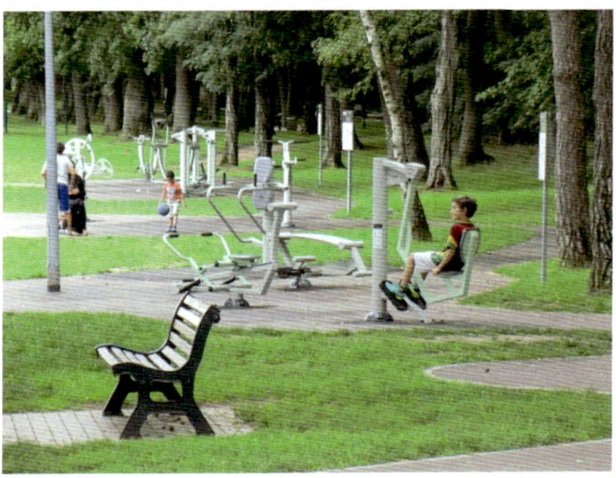

Jetzt wird es wieder spannend für Ihre Kleinen: Sie können einen öffentlichen 👪 Open-Air-Fitnesspark ❸ erstürmen, in dem es jede Menge Geräte zu entdecken gibt. Natürlich können auch Sie sich hier für Ihre Gesundheit betätigen. Ihre Kinder werden Sie dort erst wieder wegbekommen, wenn Sie Ihnen versprechen, dass 200 m weiter auch noch ein 👪 Minigolfplatz auf sie wartet. Damit nicht genug. Kurz dahinter finden Sie unter schattigen Bäumen die nächste Attraktion: ein 👪 riesiger Spielplatz mit Schaukel, Karussell, Rutschbahn, Spielschiff und vielem mehr. Das wilde Treiben

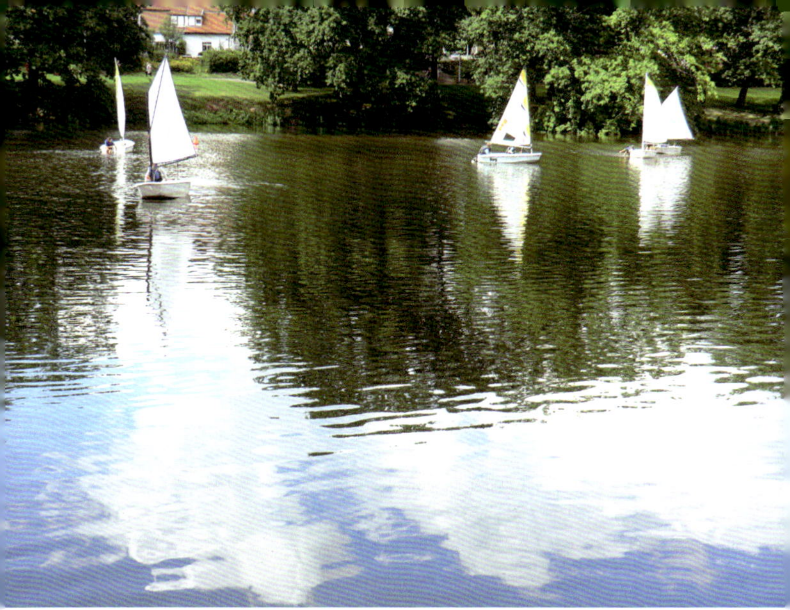

Segelboote auf dem Lac de Creutzwald

können Sie wahrscheinlich nur beenden, indem Sie Ihren Sprösslingen ein Eis versprechen. Das bekommen Sie am Ende des Sees (km 4,1).

Das Da Calo´s (Eiscafé und Pizzeria) besitzt eine Terrasse mit Seeblick. 2 Rue de la Bonne Fontaine, 57150 Creutzwald, ☏ 00 33/(0)3 87 29 57 12, täglich 10:30-23:00

Nun müssen Sie Ihre erschöpften und müden Kinder nur noch über den Staudamm zum Parkplatz bringen, dem Ende der Rundtour.

☺ Wenn Sie einmal den Flair einer typischen lothringischen Kleinstadt genießen wollen, empfehle ich Ihnen einen Bummel über die vom Parkplatz ausgehende Rue de la Gare in nördliche Richtung. Für einen Großeinkauf französischer Lebensmittel bietet sich ein Abstecher in den nahe gelegenen Supermarkt Leclerc an.

Rue Saint Étienne – Parc d'Activités Sud, 56150 Creutzwald,
GPS N 49°11.336' E 006°41.742', Mo-Sa 8:30-20:00.

21 Die Carrière Freyming-Merlebach

Tour für Liebhaber der Gegensätze von Natur und Industrie

Bei dieser Tour handelt es sich um eine leichte, aber erlebnisreiche Rundwanderung mit phänomenalen Aussichten über eine französische Industrielandschaft. Höhepunkt ist die Durchquerung des erst seit wenigen Jahren erschlossenen, 2 km langen Biotops „Carrière" (Sandgrube). Die Wald- und Steppenwanderung wird durch einen kurzen Spaziergang durch ein typisches französisches Bergmannsdorf und den Besuch eines Wildparks ergänzt.

- Start/Ziel: zentraler Parkplatz gegenüber der Lauterbacher Straße 6 in 66352 Karlsbrunn, unterhalb des Jagdschlosses, GPS N 49°10.442' E 006°48.600'
- 10,9 km
- 3 Std.
- 189 m/189 m
- 227-309 m
- nur anfangs bis zur Aussichtsplattform markiert: Symbol des „Warndt-Wald-Weges" (grüne Landschaft mit blauem Fluss)
- abwechslungsreicher Wechsel zwischen breiten Waldwegen, schmalen Pfaden und breiten Braschenwegen
- mehrere Einkehrmöglichkeiten am Ende bzw. am Anfang der Rundtour
- Rastbank nach dem steilen Anstieg (km 1,8), Rastbank eingangs der Sandgrube mit schöner Aussicht (km 3,9), Rastbänke inmitten der Sandgrube (km 5,1 und 5,6), Picknickbänke im Wildfreigehege (km 10,3)
- Das Wildfreigehege mit seinem Streichelzoo und die Aussichtsplattform sind Highlights für Kinder. Auch in der Sandgrube gibt es viel zu entdecken.
- Die Tour ist für Buggys nicht geeignet. Ein treppenartiger Aufstieg und die teilweise vorhandenen Schotter- und Sandwege stellen wesentliche Hindernisse dar. Allerdings ist der alleinige Besuch des Wildparks für Buggys möglich. Beginnen Sie die Wanderung hierzu „rückwärts". Auf breitem Waldweg mit etwas Steigung können Sie auch die Aussichtsplattform mit dem Buggy erreichen, wenn Sie die Wanderung weiter „rückwärts" laufen (2 x 2 km, ↑↓ 80 m/80 m).
- Mehrere Bachläufe, Teiche und Seen bieten ausreichend Trinkgelegenheiten für die Vierbeiner. Allerdings sollte Ihr Hund im Wildfreigehege und in dem Biotop Sandgrube wegen der dort lebenden Tiere an der Leine geführt werden.

P kostenloser Parkplatz am Start/Ziel

Ab „Völklingen Bahnhof“ fahren Sie mit dem Bus Nr. 184 bis „Geislautern Rotweg“. Dort steigen Sie in Bus Nr. 167 bis „Karlsbrunn Jagdschloss“ um. Busse verkehren halbstündlich bis stündlich.

Sie starten die Wanderung auf dem zentralen Parkplatz in Karlsbrunn unterhalb des Jagdschlosses.

Der Warndt erstreckt sich als ausgedehntes Waldgebiet beiderseits der saarländisch-lothringischen Grenze. Der kleine Ort Karlsbrunn liegt wenige Kilometer nordwestlich der berühmten Ortschaft St. Nikolaus. Hier werden in der Vorweihnachtszeit zahllose Briefe mit Kinderwünschen aus ganz Deutschland mit viel Liebe beantwortet.

Sie verlassen den Parkplatz in südöstlicher Richtung von der Straße weg über einen kleinen Wiesenweg. Nach wenigen Metern laufen Sie über einen Spielplatz und queren anschließend eine kleinere Straße mit einem Braschenparkplatz.

Blick von der Aussichtsplattform ☞

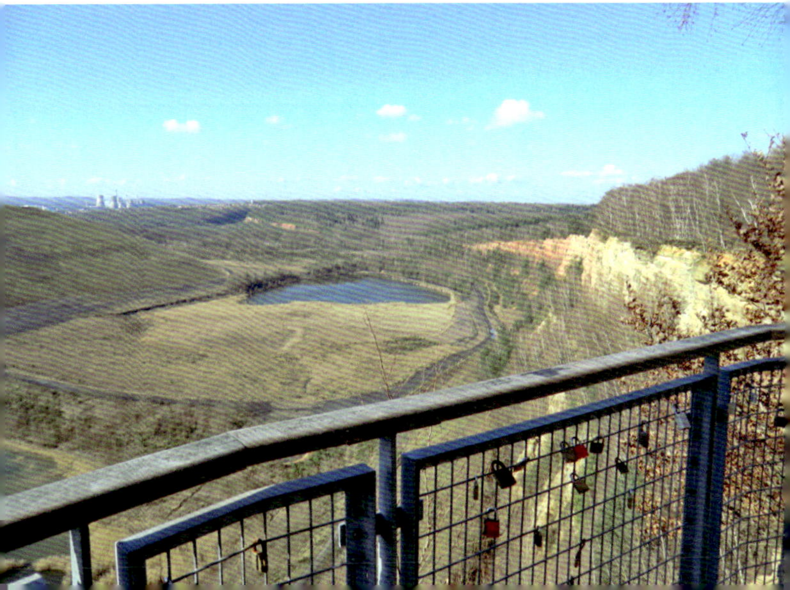

An dieser Stelle beginnt ein schmaler Pfad. In Verlängerung des Wiesenweges tauchen Sie in den Warndtwald ein. ✎ Der Pfad ist mit dem Symbol des „Warndt-Wald-Weges" gekennzeichnet: eine grüne Landschaft mit blauem Fluss. Dieser Wegkennzeichnung werden Sie die kommenden 2,3 km bis zur Aussichtsplattform folgen.

Der kleine Weg führt Sie durch einen lichten Mischwald und steigt kontinuierlich an, anfangs stark, später moderat. Sie laufen parallel zu einem kleinen Tal auf der linken Seite. Nach 600 m endet der Pfad an einem umzäunten Gatter, das zu einem Wildfreigehege gehört. Mit etwas Glück können Sie hier schon Wildschweine beobachten. Am Zaun biegen Sie links ab und steigen in ein waldreiches Tal hinunter. Nach wenigen Minuten erreichen Sie einen kleinen, idyllisch gelegenen Teich. Unmittelbar hinter dem Teich, an dem Schild „Anfahrt für Rettungsfahrzeuge" mit weißem Kreuz auf grünem Grund, nehmen Sie den rechten Weg. Durch einen Mischwald geht es leicht bergan. Rechts begleitet Sie ein kleiner Graben, in dem in Regenzeiten auch schon einmal Wasser fließt. Circa 700 m hinter dem Teich endet der Weg an einer Kreuzung.

Hier beginnt in Verlängerung Ihres Weges ein steiler Anstieg den Hang hinauf. Der Einstieg ist wieder mit dem Symbol des Warndt-Wald-Weges gekennzeichnet. Nun ist Ihre Kondition gefragt. Serpentinenartig geht es steil über Holzstiege und freigelegte Wurzeln bergauf. Der Anstieg ist kurz, aber heftig. Schon nach 10 Min. erreichen Sie ein kleines Plateau, an dem Sie sich links halten, indem Sie weiter dem Warndt-Wald-Weg folgen. Ganz Erschöpfte können sich schon hier

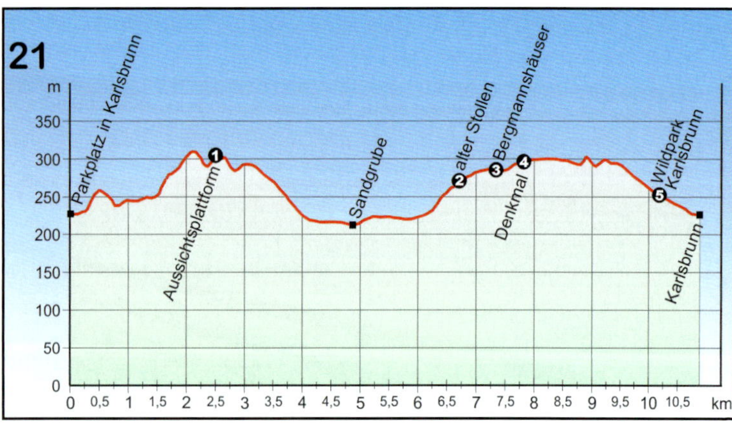

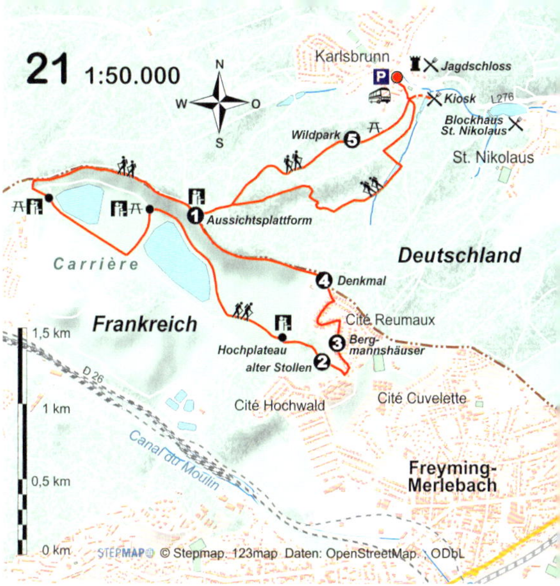

auf einer Bank mit beruhigendem Waldblick niederlassen. Der enge Pfad führt leicht aufwärts durch einen lichten Mischwald und verbreitert sich zeitweise zu einem schmalen Waldweg. Sie queren ein kleines Birkenwäldchen und erreichen nunmehr den höchsten Punkt der Wanderung (⇧ 309 m). Nach 100 m steigen Sie zu einem breiten Waldweg ab, dem Sie sodann links folgen. (An dieser Kreuzung nehmen Sie auf dem Rückweg die rechte Abzweigung.) Der komfortable Waldweg ist hier durch Fahrradwegweiser in beide Richtungen gekennzeichnet. Bereits von dieser Weggabelung aus sehen Sie in ca. 200 m das Ende des Waldes. Plötzlich wird der Himmel sichtbar und Sie erahnen einen bedeutenden Landschaftswechsel. Der Weg endet nach 2,5 km an einer **Aussichtsplattform ❶**.

Die Plattform schwebt auf einer Abbruchkante 100 m über einer überdimensionalen Grube. Sie misst 2 km in der Länge und 500 m in der Breite. Die Grube wird durch zwei große Seen dominiert. Begrenzt wird sie von mächtigen Halden, die Ihnen das Künstliche dieser Landschaft vor Augen führen. Ein Blick zum Horizont klärt Sie über das Geheimnis der Grube auf: Ein Kohlekraftwerk mit vier gigantischen Kühltürmen und zwei Fördertürme einer stillgelegten Zeche sind deutlich sichtbar. Hier muss es sich um ein Relikt des Kohlebergbaus handeln! Aus dieser mächtigen Grube haben die Franzosen Sandstein gefördert, um ihre stillgelegten Kohleflöze zu verfüllen.

Die Sandgrube (*carrière*) Freyming-Merlebach ist eine künstliche Landschaft. In der Tiefe misst sie gegenüber der Abbruchkante an der deutsch-französischen Grenze im Nordosten bis zu 100 m.

Ab dem 18. Jh. wurde in der heutigen Sandgrube Eisenerz abgebaut. Aus diesem stellten damals die Schmiedemeister im benachbarten St. Fontaine Eisen her.

Heute ist das riesige Becken von ca. 300 ha Größe aber vor allem das Resultat des Abbaus von Buntsandstein. Dieses Material eignete sich hervorragend zum Verfüllen der Stollen nach dem Kohleabbau in den benachbarten französischen Kohlebergwerken. Im Laufe des letzten Jahrhunderts wurden Unmassen des Sandsteins vermahlen und mit Wasser vermischt. Diese flüssige Suspension wurde durch Stahlrohrleitungen in die Tiefe geleitet. Die Verfüllung schützte die Bergleute bei der Erschließung neuer Kohleflöze vor dem Druck des Gebirges und vor Erdrutschen. Da sich jedoch nach dem Absetzen des Sandes wieder Hohlräume bilden konnten, kam es an der Oberfläche doch zu Grubensenkungen.

Der Sandsteinabbau zur Grubensicherung dauerte von 1920 bis ins Jahr 2005. Danach wurde die Grube von der französischen Grubengesellschaft HBL zuerst gesichert. Dies betraf vor allem die bis zu 100 m hohen Bundsandsteinfelsen im Nordosten. Anschließend begannen die Renaturierungsarbeiten. Die Flächen wurden bepflanzt und die Ableitungen der umliegenden Bergehalden in die beiden künstlichen Seen geleitet. Da auch das Grundwasser der Grube ansteigt, wird erwartet, dass die beiden Seen irgendwann einmal zusammenwachsen.

Sie verlassen die Plattform und nehmen links (aus Sicht der Plattform) den Pfad in nordwestlicher Richtung entlang des hohen Absperrzauns. Durch den Zaun können Sie auf das imposante Grubengelände blicken. Nicht zu übersehende Gefahrenhinweise am Zaun weisen auf die Abbruchgefahr jenseits der Absperrung hin. Rechts am Waldrand taucht von Zeit zu Zeit ein alter Grenzstein auf, der signalisiert, dass Sie quasi im Niemandsland auf der deutsch-französischen Grenze wandeln. Der Pfad ist anfangs sandig und geht in ein dunkles Braschenmaterial über – Spuren des Abraums der Kohleförderung. Auf erst ebenem, dann leicht abschüssigem Weg erreichen Sie nach 1,3 km linker Hand ein großes Stahltor. Nachdem Sie es problemlos durchquert haben, finden Sie sich auf einer kleinen Hochebene wieder. Nun stehen Sie endgültig auf französischem Boden. Links vom großen Tor befindet sich eine Tafel mit Verhaltensregeln für dieses ökologisch empfindliche Biotop. Am Ende der Ebene stoßen Sie auf eine Bank, auf der Sie verweilen können. Vor Ihnen liegt in Längsrichtung das noch etwas tiefer liegende Grubengelände. Unterhalb der Bank beginnt ein abschüssiger Pfad, auf dem Sie auf Buntsandsteinuntergrund nach einigen Metern die Grubensohle und damit auch den ersten See erreichen. Sie halten sich rechts vom See und gehen auf eine große, mit niedrigem Gras bewachsene Bergehalde zu. Nach ca. 100 m öffnet sich der Weg zu einer breiten Trasse, bestehend aus fein gemahlenem, dunklem Bergematerial. Rechts des Weges ist die künstliche Entwässerung der Halden zu erkennen. In breiten Rinnen, ausgekleidet mit Teichfolie, wird das Regenwasser in den See geleitet. Am Ende des ersten Sees öffnet sich links der Blick auf die gigantische Buntsandsteinwand, die die Grube im Nordosten begrenzt und über deren Abbruchkante Sie soeben noch marschiert sind. Ein langes, massives Holzgeländer soll Besucher daran hindern, die ökologisch wertvolle, sumpfartige Landschaft des ersten Sees zu betreten. Die Sandgrube ist mittlerweile Lebensraum mehrerer seltener Tierarten. Als bedeutendste sind der Uhu, die Knoblauchkröte und der Wanderfalke zu nennen. Die vielen Kormorane belegen den Fischreichtum der beiden Seen.

Die breite Trasse weitet sich nun zu einem fußballfeldgroßen Platz. Rechts erhebt sich ebenfalls eine mächtige Buntsandsteinwand, auf der sich wiederum hohe schwarze Bergematerialien der französischen Kohlewirtschaft auftürmen. Auf dem Platz biegen Sie links in eine breite Trasse aus schwarzem Untergrund ab. Nun können Sie rechts einige Meter unter sich auch den zweiten

Das ökologische Juwel Carrière – links die Abbruchkante, rechts die Bergehalde

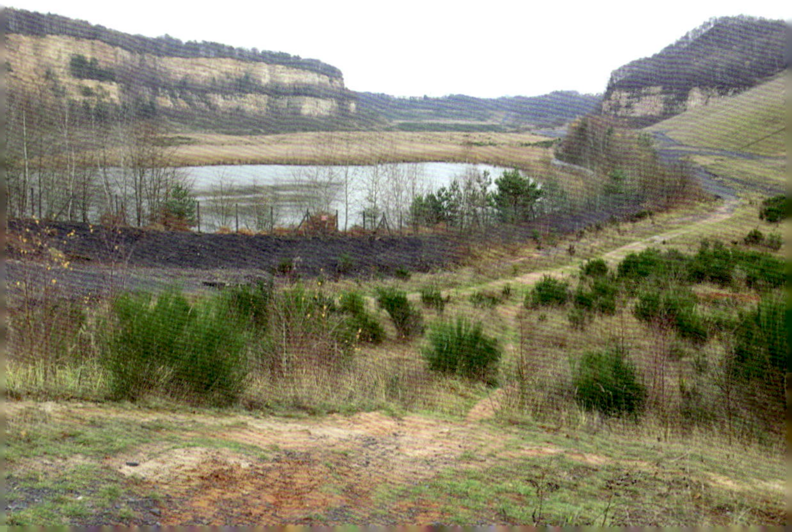

See erkennen. Hier ist ebenfalls unverkennbar, dass er künstlich angelegt ist. Inmitten des Sees erkennen Sie noch die Überreste eines kleinen Wäldchens aus inzwischen abgestorbenen Baumwipfeln.

Der Weg führt Sie direkt auf die massive Buntsandsteinwand zu. Den Blick leicht nach rechts gewandt erkennen Sie nun spektakulär in 100 m Höhe gelegen die Aussichtsplattform, auf der Sie vor ca. 30 Min. zum ersten Mal die Grube erblickt haben. Am Ende der Trasse nehmen Sie den rechten Abzweig zum Umrunden des zweiten Sees. An diesem Abzweig entdecken Sie einen kleinen, kreisrund angelegten Teich. Von der Aussichtsplattform war er deutlich als kleines Auge zu erkennen, das sich vom großen See abgegrenzt hat. In Sichtweite dieses Ortes befindet sich wieder eine Bank, die zum Bestaunen der bizarren Landschaft einlädt.

Ihr Weg wird links von einem hohen Zaun begleitet, der Sie daran hindert, sich der mächtigen Buntsandsteinwand weiter zu nähern. Niedrige Durchlässe im Zaun erlauben es wohl nur den hier lebenden Wildschweinen, dieses Risiko auf sich zu nehmen.

Der Weg führt Sie unterhalb der Aussichtsplattform vorbei, deren breiter Überstand aus dieser Perspektive deutlich zu erkennen ist. Einige Minuten weiter passieren Sie eine Bank, von der Sie einen herrlichen Blick über den See und die gegenüberliegende imposante Landschaft der Bergehalden genießen. Bei genauem Hinsehen sind auf den schwarzen Halden tiefe Erosionsspuren zu erkennen. Ein Zeichen dafür, dass die Halden noch jung und unbewachsen sind. Sichtbare Förderanlagen zeugen vom immer noch aktiven Betrieb.

Nach einer Dreiviertelumrundung des zweiten Sees laufen Sie parallel zu künstlichen Rinnen, die die vor Ihnen liegenden Halden in diesen See entwässern. Der Weg führt Sie weiter Richtung Ende der Sandgrube. Sie steigen erst leicht auf, überqueren eine Kreuzung und beginnen dann mit einem kurzen, aber heftigen Anstieg. Währenddessen können Sie jetzt links oben die Silhouetten der hübschen Bergwerkshäuser des Örtchens Freyming-Merlebach erkennen, das Sie gleich durchstreifen werden. Der Anstieg wird rechter Hand von einem hohen Zaun begleitet, der am Betreten des noch ungeschützten Grubengeländes hindern soll. Der Anstieg läuft in eine breite, mit schwarzem Material gefütterte Trasse aus, die auf einem kleinen Hochplateau endet. Von hier aus können Sie sich noch einmal umschauen und den Blick über die durchwanderte Sandgrube schweifen lassen: links die jungen, schwarzen Bergehalden, in der Mitte die beiden Seen mit einer steppenartigen Landschaft mit kargem Bewuchs und rechts die mächtigen Buntsandsteinwände der Abbruchkante.

Nun biegen Sie am Ende des Plateaus rechts in einen kleinen Weg ab, der nach 10 m an einem großen Stahltor endet. Mit dem Passieren des Tores verlassen Sie das Grubengelände nach nunmehr 6,5 km zurückgelegter Strecke.

Hinter dem Tor gehen Sie links auf dem betonierten Weg weiter. Nach 100 m halten Sie sich rechts und lassen den Eingang zu einem französischen Schießstand links liegen. Durch einen lichten Laubwald geht es in Serpentinen zuerst leicht und dann stark bergauf. Circa 100 m bevor die Straße im Wohngebiet endet, können Sie auf der rechten Seite im Wald einen alten, verschlossenen **Stollen ❷** entdecken. Er stellt zusammen mit seiner abenteuerlichen Förderbrücke ein Zeugnis vergangener Industriekultur dar. Geübten Wanderern ist es möglich, die früher einmal begehbare Anlage 30 m unterhalb des Weges über einen kurzen, schmalen und steilen Tritt direkt in Augenschein zu nehmen. ☝ Rutschgefahr!

Der alte Stollen mit der Förderbrücke

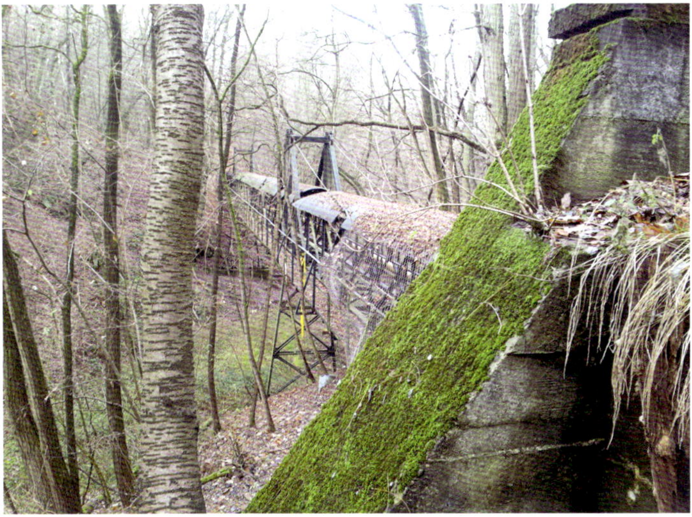

Der Anstieg endet an der Rue de France in Freyming-Merlebach, in die Sie links einbiegen. Nach 30 m nehmen Sie am Verkehrskreisel die linke Straße und biegen dann nach wenigen Metern nochmals links in die Rue de Bourgogne ab. Die Straße ist von ⌘ alten **Bergmannshäusern ❸** gesäumt. Die Doppel- bis

Vierfachhäuser ähneln sich in Form und Ausmaß. Ihre auffällig sandigen Farben sind wohl durch die Verwendung des Baumaterials aus der nahe gelegenen Sandgrube zu erklären. Kleine Vorgärten und größere Nutzgärten zeugen von dem Pragmatismus der Bergbauepoche. Teils in verblichenem Glanz, teils schön renoviert scheinen sie alle bewohnt zu sein.

Am Ende der Straße biegen Sie an einem Kreisel links in die Rue de Bretagne ab, die nach einer scharfen Rechtskurve in die Rue du 3. Mai übergeht und leicht aufsteigt. Der Blick zwischen die links gelegenen Bergmannshäuser lässt erahnen, welch phänomenale Aussicht die Bewohner über das soeben durchwanderte Grubengelände haben. 200 m nach der scharfen Rechtskurve nehmen Sie in einer erneuten leichten Rechtskurve den linken Abzweig. Nach nur wenigen Metern passieren Sie linker Hand einen kleinen, liebevoll angelegten Rosengarten. Unmittelbar hinter dem Gärtchen erreichen Sie wieder ein stählernes Tor, das sich problemlos durchschreiten lässt. Links hinter dem Tor befindet sich ein ⌘ kleines Denkmal ❹ in Form eines Miniaturförderturms, dessen Inschrift an ein Grubenunglück aus dem Jahr 1925 erinnert. Bei dem Unfall ließen 51 Bergleute ihr Leben und 28 wurden verletzt.

Hinter dem Tor folgen Sie dem Pfad entlang des hohen Zauns, der die links von Ihnen verlaufende Abbruchkante der Sandgrube absichert. Der Blick in die Grube durch die wenigen, lichten Bäume begleitet Sie. Von hier aus können Sie auf der gegenüberliegenden Seite der Grube auch Anlagen erkennen, die noch in Betrieb sind. Der Weg verläuft hier im Niemandsland auf der deutsch-französischen Grenze, wie Sie an den alten Grenzsteinen erkennen können. Der mittlerweile sandige Weg steigt leicht an und Sie erreichen nach nunmehr 9 km wieder die Aussichtsplattform, von der aus Sie Ihren Weg durch die Grube nochmals nachvollziehen können.

Von hier aus beginnt der Rückweg zuerst über denselben Weg, auf dem Sie gekommen sind, in Richtung der ✎ Fahrradwegweiser „Großrosseln“ und „Karlsbrunn“. Der gut ausgebaute Waldweg führt Sie nach 250 m an den Abzweig, an dem Sie auf dem Hinweg diesen Weg erreicht haben. Sie lassen diesen schmalen Pfad rechts liegen und bleiben auf dem Hauptweg, den Fahrradwegweisern in einer leichten Linkskurve folgend. Nachdem Sie 300 m zuerst leicht bergauf und dann bergab gegangen sind, erreichen Sie eine Kreuzung, an der Sie rechts abbiegen, dem Hauptweg weiterhin gemäß den Fahrradwegweisern folgend. Leicht bergab führt Sie der Weg nach guten 100 m in eine Linkskurve, in der Sie einen kleineren Weg rechts nicht beachten. Der leicht abschüssige Talweg wird nun zuerst rechts von einem Wildgatter begrenzt. An der kommenden Gabelung halten Sie sich rechts. Nun ist auch links des Weges ein Wildgatter sichtbar, das Ihnen anzeigt, dass Sie nun das Wildfreigehege passieren. An der Gabelung weist bereits ein Schild auf den Verkaufskiosk des Geheges in 1 km Entfernung hin. Das Tal weitet sich. Sie passieren zwei Blockhäuser des „Vereins zur Förderung der Naherholung von Karlsbrunn", der den Wildpark Karlsbrunn betreibt. Sie befinden sich jetzt inmitten des Wildfreigeheges und können an dieser Stelle auch einige Wildschweine und Damhirsche beobachten.

Der **Wildpark Karlsbrunn** ❺ ist frei zugänglich und ganzjährig geöffnet. Ihre Jüngsten können hier Zwergziegen, Damwild und Wildschweine beobachten. Futterbeutel sind am Kiosk erhältlich (☞ unten).

Wildschwein im Wildgehege

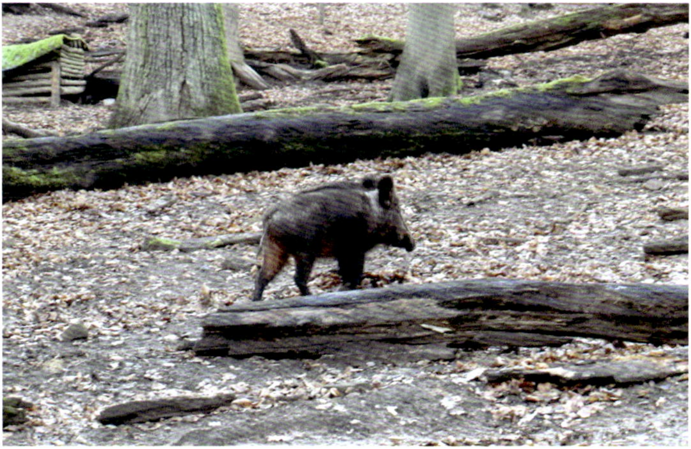

Rechts passieren Sie einige Ruhe- und Picknickbänke. Einige Meter weiter auf der linken Seite befindet sich sinnigerweise inmitten des Wildparks ein Schießstand! Das bewaldete Tal öffnet sich noch weiter und geht in eine Wiesenlandschaft über. Vorbei an einem Streichelzoo mit Ziegen erreichen Sie die Stelle, an der Sie auf dem Hinweg kurz nach dem Start hinter dem Spielplatz die Straße überquert haben und in einem Waldpfad verschwunden sind. Von hier aus sind es nur noch wenige Meter über die Wiese zum Parkplatz, wo Sie die Wanderung nach insgesamt 10,9 km beenden können.

Wenn Sie noch zu dem angekündigten Verkaufskiosk wollen, biegen Sie an der kleinen Straße rechts ab und folgen ihr ca. 200 m. Schließlich erreichen Sie hinter einem kleinen Weiher den Kiosk, der sich im Sommer in einen schattigen Biergarten verwandeln kann.

Kiosk/Biergarten des Wildgeheges, Friedhofstraße, 66352 Großrosseln-Karlsbrunn

Wenn Sie es etwas gediegener mögen, dann können Sie vom Kiosk aus dem Wegweiser „Blockhaus am St. Nikolausweiher" folgen („850 m"). Das Blockhaus ist auch mit dem Pkw ab Ihrem Parkplatz Richtung St. Nikolaus zu erreichen.

Blockhaus St. Nikolaus, zertifiziertes Wanderlokal mit grenzländischer Küche. Mühlenweg 3, 66352 Großrosseln, GPS N 49°10.267' E 006°49.281', 068 09/18 07 28, www.blockhaus-warndt.de, ganzjährig ab 11:30, Mo Ruhetag (nur von Nov. bis April), Kindermenü, Hunde auch nass willkommen

Eine weitere Einkehrmöglichkeit bietet der Biergarten des Jagdschlosses Karlsbrunn, das gut sichtbar über Ihrem Parkplatz liegt.

Biergarten Jagdschloss Karlsbrunn, Bistroküche mit regionalen Wildprodukten, Schlossstraße 14, 66352 Großrosseln, 06 81/70 206 81, www.jagdschloss-karlsbrunn.de, Sa, So und Feiertag 14:00-20:00, Familien mit Kindern willkommen, Hunde auch regennass willkommen

Hinter dem Jagdschloss Karlsbrunn befindet sich noch ein sehenswerter Forstgarten, der ganzjährig zu besichtigen ist.

Das Jagdschloss Karlsbrunn wurde im 18. Jh. für Fürst Ludwig von Nassau aus Saarbrücken erbaut. Der Forstgarten umfasst eine Fläche von ca. 1,2 ha. Der historische Baumbestand bildet zusammen mit der Gartenanlage eine moderne Variante eines Forstgartens. Die Sitzplätze in der Hanglage des Gartens bieten einen weiten Blick über die Schlossanlage, den Ort Karlsbrunn und den Warndtwald.

- Am Jagdschloss, Schlossstraße 14, 66352 Karlsbrunn, 068 09/99 69-0, gog@merzig-wadern.de, ganzjährig geöffnet, Gartenführungen auf Anfrage (068 61/91 10 68)

㉒ Blies-Grenzweg

Anspruchsvolle Tour für Wanderer, die viel erleben und dabei auch noch weite Aussichten genießen wollen

Die Wanderung führt Sie zunächst an der deutsch-französischen Grenze entlang, den Fluss Blies haben Sie dabei immer im Blick. Für einen anstrengenden Aufstieg werden Sie mit einem fantastischen Blick belohnt. Sie unternehmen dann eine Zeitreise zu den verwilderten Parkanlagen der reichen Villenbesitzer des 19. Jh. Mit dem Teufel durchqueren Sie die Tiefenbachklamm und steigen wieder auf, um den unbeschreiblichen Vogesenblick zu genießen. Eine 200-jährige Eiche beeindruckt Sie am Ende der Rundtour.

Start/Ziel: Wanderparkplatz in 66271 Kleinblittersdorf-Sitterswald an dem kleinen Kreisel zwischen Nauwieserstraße und L 106, GPS N49° 7.877' E007° 4.219'

15,5 km, mit Abkürzung nur 12,5 km

4 Std. 20 Min.

320 m/320 m

194-350 m

durchgängig und gut durch das Logo „grüne Landschaft neben blauem Fluss auf weißem Untergrund“ markiert

Waldwege, Pfade und offene Wiesenwege wechseln sich ab.

Bliesgersweiler Mühle (km 5,6)

Es sind reichlich Ruhebänke vorhanden.

Die anspruchsvolle Wanderung ist nur für ältere Kinder geeignet. Für die sind aber vor allem die verfallenen Gärten über Kleinblittersdorf und die Tiefenbachklamm sehr spannend.

Die Tour ist für Buggys nicht geeignet. Sie können jedoch auch mit Ihren Allerkleinsten den phänomenalen Vogesenblick genießen. Dazu parken Sie in Kleinblittersdorf-Auersmacher in der Nähe der Hochstraße (GPS N 49°8.595' E 007°3.437') und folgen dieser nördlich ortsauswärts auf dem ausgeschilderten, asphaltierten Jakobsweg über den Vogesenblick bis zum Waldrand (ca. 1,7 km).

Trinkgelegenheiten für Ihren Hund finden Sie nur im ersten Drittel der Tour entlang der Blies und am Mühlenwaldweiher. Im Hochsommer müssen Sie auf dieser langen Tour viel Wasser im Gepäck haben.

kostenloser Parkplatz am Start/Ziel

Ab „Saarbrücken Hauptbahnhof" fahren Sie mit der Stadtbahn Nr. STB 1 bis „Kleinblittersdorf Bahnhof" (alle 30 Min.). Von dort sind es Richtung Südosten ca. 1,5 km Fußweg bis zur Wohnanlage Rexroth-Höhe, die vom Wanderweg gekreuzt wird (über Saarbrückerstraße, Oberdorfstraße und Waldstraße).

Sie treten durch die Stelen aus Holz und Stahl in den Sitterswald. Der Wald wird bald lichter, der Weg leicht abschüssig, und schon bei km 0,9 hören Sie das Rauschen der Blies. Sie überqueren eine rote Fußgängerbrücke und befinden sich jetzt in Frankreich. Die Blies stellt nämlich die Grenze zwischen Deutschland und unserem Nachbarland dar. Ein Abstecher in die benachbarte ⌘ Moulin de la Blies lohnt sich.

Das Stauwehr, das Sie bereits von der Brücke aus erkennen können, gehört zur ⌘ Moulin de la Blies. Die Bliesmühle war im 19. Jh. eine bedeutende Keramikfabrik von Saargemünd. Heute ist sie ein Museum, in dem die Fertigungsmaschinen, aber auch Keramikprodukte und deren Zwischenprodukte zu besichtigen sind. Im Außenbereich finden Sie noch einen Jardin des Fayenciers, einen Keramikgarten, der im Zuge des europäischen Programms „Gärten ohne Grenzen" entstanden ist.

♦ 125, Avenue de la Blies, 57200 Sarreguemines, ☏ 00 33/(0)3 87 98 28 87, www.sarreguemines-museum.eu/bliesmuhle, Di-So 10:00-12:00 u. 14:00-18:00

Sie kommen über die Brücke zurück auf deutschen Boden und stoßen dort auf einen ca. 3 m hohen ⌘ Stein.

⌘ Der **Freundschaftsstein ❶** ist einem überdimensionierten Grenzstein nachempfunden. Auf ihm sind statt der beiden Ländernamen viele Kindernamen eingelassen. Eine französische Schulklasse der Regenbogenschule hat ihn unter Anleitung des georgischen Bildhauers Bakhia gestaltet. Der Stein symbolisiert die Überwindung der trennenden Grenze.

Sie folgen dem Grenzfluss Blies mal auf breitem Waldweg, mal über einen Pfad durch grüne Auenwiesen. Genießen Sie die Natur – Sie befinden sich immerhin im UNESCO-Biosphärenreservat Bliesgau. Bei km 2 verlassen Sie die Blies und gelangen 700 m weiter mitten im Wald an den idyllisch gelegen Mühlenwaldweiher ❷. Eine hervorragende Gelegenheit, in einer entspannten Atmosphäre bei einem Picknick die Seele baumeln zu lassen.

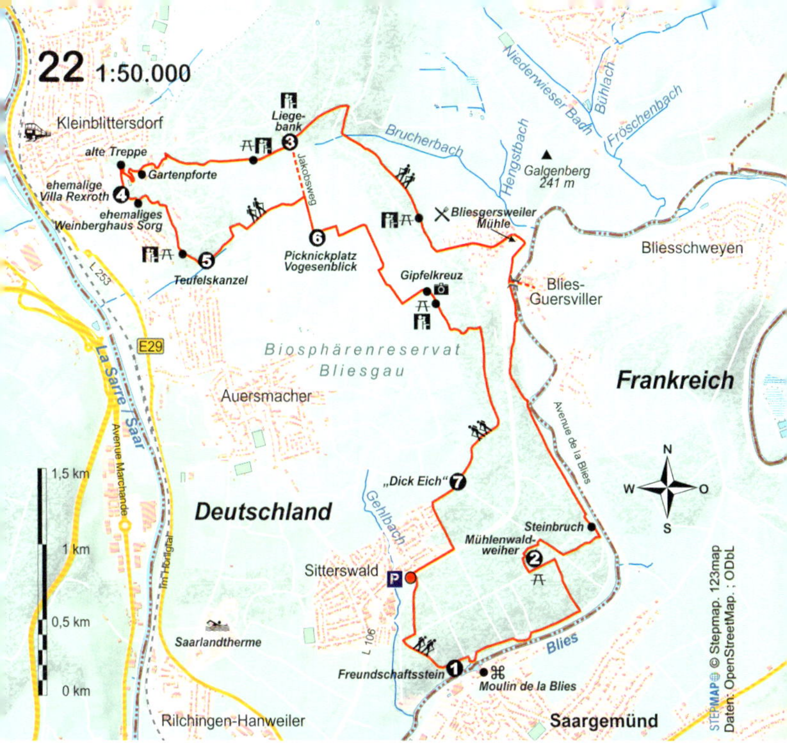
22 1:50.000
Kleinblittersdorf
alte Treppe
Gartenpforte
ehemalige Villa Rexroth
ehemaliges Weinberghaus Sorg
Liege-bank
Jakobsweg
Teufelskanzel
Picknickplatz Vogesenblick
Brucherbach
Niederwieser Bach
Bühlach
Fröschenbach
Hengstbach
Galgenberg 241 m
Bliesgersweiler Mühle
Bliesschweyen
Gipfelkreuz
Blies-Guersviller
L 253
E29
La Sarre / Saar
Biosphärenreservat Bliesgau
Auersmacher
Frankreich
Avenue Marchande
Avenue de la Blies
1,5 km
1 km
0,5 km
0 km
„Dick Eich"
Gehlbach
Deutschland
Steinbruch
Mühlenwald-weiher
Sitterswald
Im Hofigtal
Saarlandtherme
L 106
Blies
Freundschaftsstein
Moulin de la Blies
Rilchingen-Hanweiler
Saargemünd
STEPMAP © Stepmap. 123map
Daten: OpenStreetMap ; ODbL
N
W
O
S

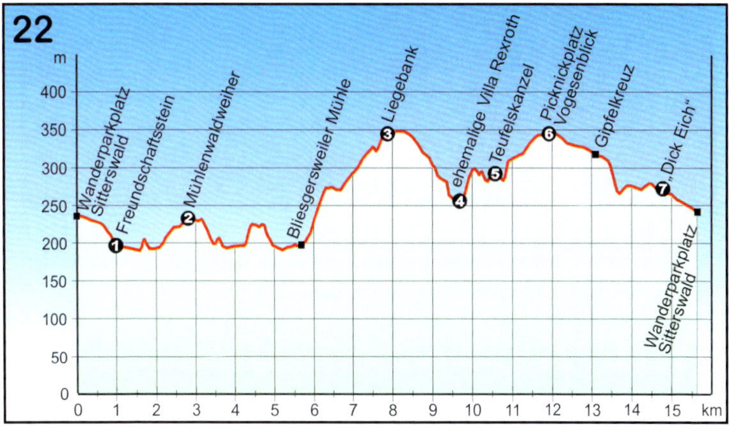
22
m
400
350
300
250
200
150
100
50
0
Wanderparkplatz Sitterswald
Freundschaftsstein
Mühlenwaldweiher
Bliesgersweiler Mühle
Liegebank
ehemalige Villa Rexroth
Teufelskanzel
Picknickplatz Vogesenblick
Gipfelkreuz
„Dick Eich"
Wanderparkplatz Sitterswald
0
1
2
3
4
5
6
7
8
9
10
11
12
13
14
15
km

Vorbei an einem Spielplatz verlassen Sie den Waldweiher. Nach kurzer Wanderung finden Sie wieder zurück zur Blies, der Sie nun ca. 2 km entlang der Grenze folgen. Dabei lernen Sie einen alten Kalksteinbruch kennen, in dem schon im 19. Jh. Steine gebrochen wurden. Sie kommen auch an einer kleinen Brücke vorbei, die in den französischen Ort Blies-Guersviller führt.

Ich empfehle Ihnen diesen kleinen Abstecher. Lassen Sie das französische Flair eines Bauerndorfes jenseits der Grenze auf sich wirken. Es kostet Sie nur einen zusätzlichen Wanderkilometer.

Galloway-Rind in der französischen Bliesaue

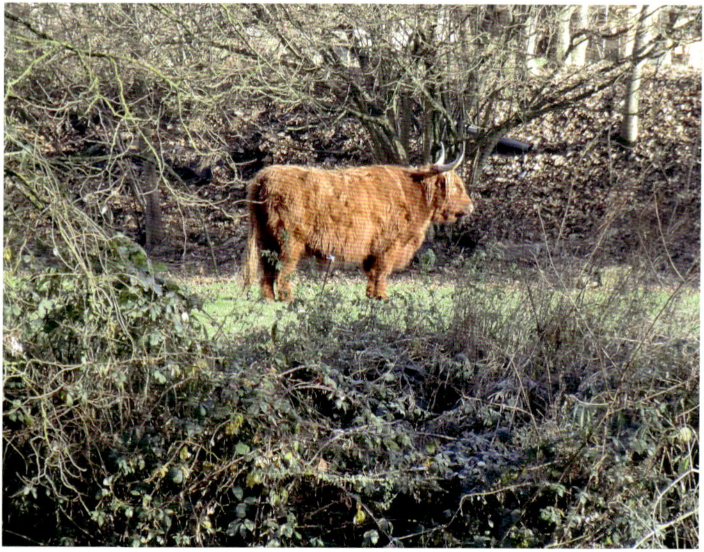

Sie verlassen den beschaulichen Grenzfluss an der Bliesgersweiler Mühle, der einzigen Einkehrmöglichkeit auf dieser Wanderung (km 5,6).

Die Bliesgersweiler Mühle bietet Ihnen einen Biergarten. Die Speisekarte ist gutbürgerlich. Im Bruch 1, 66271 Kleinblittersdorf, 068 05/600 72 20, Mo und Mi-Sa 11:00-14:30 und 17:30-22:00, So 11:00-22:00

Nun wird es anstrengend. Sie verlassen die kleine Ortschaft Bliesgersweiler Mühle steil bergauf. Erst hoch oben im Wald nach 70 Höhenmetern biegen Sie rechts auf einen ebenen Weg ab. Die Plackerei wird durch eine phänomenale Aussicht belohnt, die Sie bei km 6,4 auf einem Picknickplatz genießen können. Ihr Blick ist nach Deutschland gerichtet. Über das Ransbacher Tal hinweg schauen Sie auf eine Wald- und Wiesenlandschaft vom Ransbacher Berg bis zum Schorrenwald. Aber die Schinderei geht weiter. Sie tauchen wieder in einen Laubwald ein. Stetig bergauf gehend bewältigen Sie die nächsten 90 Höhenmeter. Dann öffnet sich plötzlich der Wald. Die Mühe zahlt sich aus. An einer Wegkreuzung erwartet Sie eine Liegebank ❸ mit der gleichen herrlichen Aussicht, nur eben einige Meter höher (km 7,9).

Wenn Sie nach der entspannten Pause noch immer total erschöpft vom Aufstieg sind, können Sie die Rundtour hier abkürzen. Sie folgen dafür dem asphaltierten Weg in Richtung Süden auf dem Jakobsweg und gelangen nach ca. 600 m zum Picknickplatz Vogesenblick. Von dort aus sind es entlang der bekannten Markierung nur noch ca. 4 km bis zum Wanderparkplatz. Ihnen entgehen allerdings einige spektakuläre Erlebnisse.

Ausblick über das Ransbacher Tal

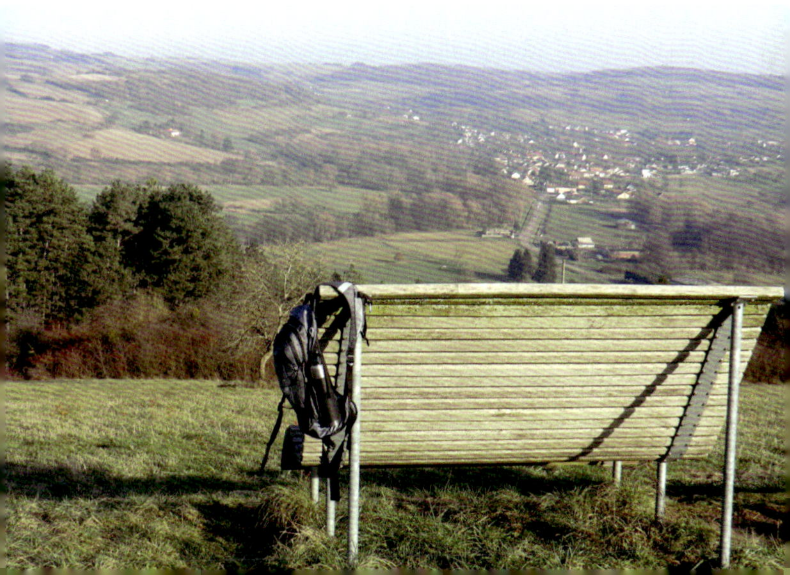

Aber Sie sind ja bestimmt noch fit und laufen weiter am Waldrand entlang Richtung Westen. Dafür werden Sie erst einmal mit sensationellen Ausblicken belohnt. Diesmal ist der Blick in Richtung Süden und Westen frei, und zwar auf einer Länge von 1 km. Und dort liegt Frankreich. In Wanderrichtung bietet sich Ihnen ein imposantes Bild. Am Horizont, im 20 km entfernten französischen Carling, erblicken Sie die Wasserdampfschwaden eines Kohlekraftwerkes friedlich neben den Flügeln einiger Windräder auf dem nächsten Höhenzug – alte und moderne Energieversorgung in scheinbar sanfter Eintracht.

Bei km 8,6 tauchen Sie wieder in einen jungen Wald ein. Es geht bergab. 300 m weiter durchqueren Sie die Wohnanlage Rexroth-Höhe, eine soziale Einrichtung der Lebenshilfe Obere Saar. Hinter dem letzen Haus geht es steil bergab in einen verwunschenen Wald, der auch noch Geheimes verbirgt.

Sie befinden sich an einem sonnenverwöhnten Hang oberhalb von Kleinblittersdorf. Diese exponierte Lage entdeckten bereits Anfang des 19. Jh. einige reiche Familien aus Saarbrücken. Hübsche Landhäuser und großartige Villen, umgeben von ausgedehnten Parkanlagen, wurden hier errichtet. Das berühmteste Bauwerk stellte wohl die Villa Rexroth dar. Das milde Klima des Bliesgaus machte sogar den Anbau von Reben möglich.

Auf dem nächsten Kilometer werden Sie die spärlichen Reste dieser Bauwerke bewundern können. Schon gleich beim Eintritt in den Wald erkennen Sie rechts eine alte, efeuumrankte Gartenpforte (km 9,1). Kurz darauf überqueren Sie eine Streuobstwiese und erreichen eine Bank mit einer fantastischen Aussicht über das Saartal. Jetzt haben Sie einen Eindruck davon, welchen grandiosen Blick die damaligen Herrschaften in ihren mondänen Villenanlagen früher genossen haben. Bei km 9,4 entdecken Sie rechter Hand eine verwunschene alte Treppenanlage, die ein umgestürzter Baum mittlerweile unter sich begraben hat. Hinter einer Bank 200 m weiter betreten Sie – wieder im Wald – die Reste der **Parkanlage der Villa Rexroth ❹**. Vermooste Mauerreste lassen nur noch erahnen, welcher Prunk hier einst zu sehen war. Kurz danach geht es bergauf und Sie stehen bei km 9,7 vor der verfallenen Stützmauer des ehemaligen Weinberghauses Sorg. Weiter geht es an den Überresten der Einfriedungsmauern der Parkanlagen vorbei (km 9,8). Kaum vorstellbar, dass in dieser Wildnis einst herrschaftliche Gärten gepflegt wurden. Die Natur holt sich zurück, was einst ihr gehörte. Die Mauern sind verrottet, von umgefallenen Bäumen zerstört, die Parkanlagen völlig verwildert. Dieser mysteriöse Ort erweckt einen gespenstischen Eindruck.

Der Spuk ist vorbei, wenn Sie unterhalb einer Kinderheilstätte vorbeiwandern (km 10). Genießen Sie bei km 10,3 noch einmal die schöne Aussicht der ehemaligen Villenbesitzer. Der Weg führt Sie dann weiter zum nächsten rätselhaften Ort: der **Teufelskanzel ❺**, einem Felsvorsprung über der Tiefenbachklamm (km 10,5).

Die Teufelskanzel

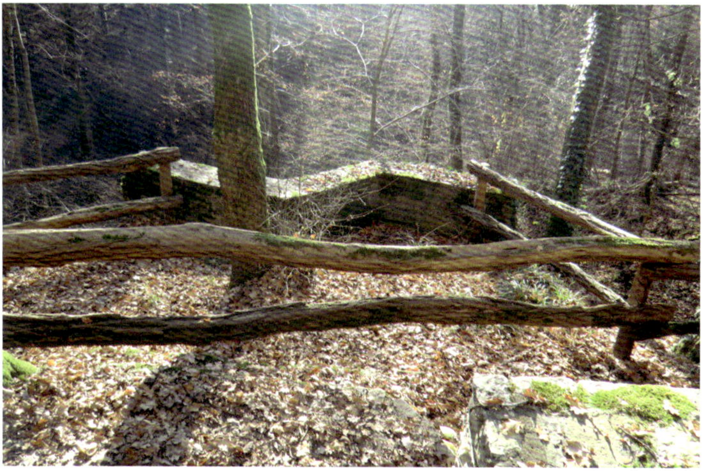

An dieser sagenumwobenen Stelle hat einst der Teufel versucht, einer Nonne die Seele abzukaufen. Er versprach ihr, einen unterirdischen Tunnel zu dem benachbarten Kloster zu graben, in dem ihr Liebster sich verpflichtet hatte. Der Tunnel wurde zum vereinbarten Termin nicht vollständig fertig und der Seelenverkauf platzte. Aus Wut zerstörte der Beelzebub den Tunnel mit mächtigem Getöse. Übrig blieben der tiefe Graben der Teufelsklamm und der Felsvorsprung, von dem aus der Teufel mit einem kolossalen Donnerschlag zurück in die Hölle fuhr – die Teufelskanzel.

Naja, das jährliche Schmelzwasser des anschwellenden Tiefenbaches hätte das vielleicht auch geschafft! Von der Kanzel aus blicken Sie in ein tief eingeschnittenes, verwildertes Waldtal. Sie wandern entlang der Klamm steil bergauf. Schnell wird aus der wildromantischen, tiefen Schlucht eine friedliche Grät und schließlich ein harmloser Graben.

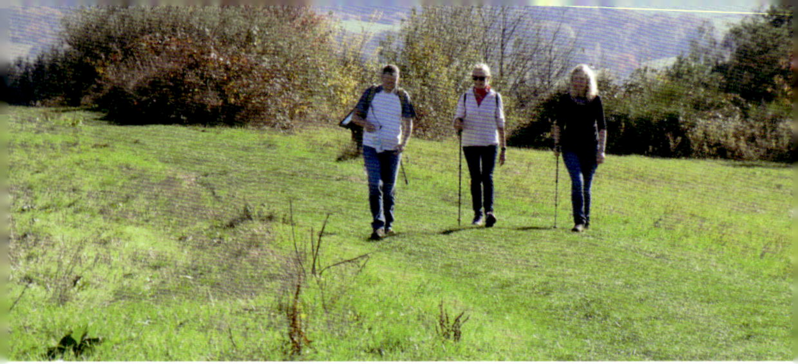

Fröhliche Wanderer auf dem Hochplateau

Schon bei km 11 haben Sie sich vom Teufel so weit entfernt, dass Sie wieder unter freiem Himmel stehen. Sie betreten ein Hochplateau mit einer herrlichen Aussicht. Der 360-Grad-Blick wird Sie die nächsten 2 km begleiten, während Sie die Hochebene aus Feldern und Streuobstwiesen durchwandern. Höhepunkt ist der **Picknickplatz Vogesenblick ❻** bei km 11,7. Wie der Name schon verrät, können Sie, während Sie Ihre Vesper verspeisen, bei klarem Wetter in südlicher Richtung bis in die 30 km entfernten Nordvogesen blicken. Am Ende der Hochebene passieren Sie noch ein Gipfelkreuz, das sich hervorragend als Fotomotiv eignet (km 12,9).

Über einen schmalen Steig steigen Sie in einen lichten Laubwald ab. Auf einem breiten Waldweg geht es dann leicht auf und ab, bis Sie vor einem saarländischen Naturdenkmal stehen: die **„Dick Eich" ❼** (km 14,6).

Die „Dick Eich" ist mit 19 m nicht sehr hoch. Ihren Namen hat sie von ihrem überdimensionalen Stammdurchmesser von 1,3 m. Kein Wunder, ihr majestätisches Alter beträgt immerhin ca. 200 Jahre. Da kann man schon mal etwas zulegen. Unbeschreiblich, wie viel Geschichte der alte Baum an sich hat vorbeiziehen lassen.

Jetzt ist es nicht mehr weit. Noch durch ein kleines Waldstück, vorbei an einer Wohnanlage, um einen Friedhof herum und Sie sind wieder am Wanderparkplatz.

☺ Besuchen Sie doch nach der Wanderung die Saarlandtherme ganz in der Nähe. Entspannen Sie in einer römischen Sauna- und Badelandschaft.

♦ Zum Bergwald 1, 66271 Rilchingen-Hanweiler, GPS N 49°7.687' E 007°3.039', ☏ 068 05/600 00-0, www.saarland-therme.de

Buchtipps aus dem Conrad Stein Verlag

GPS
Grundlagen · Tourenplanung · Navigation

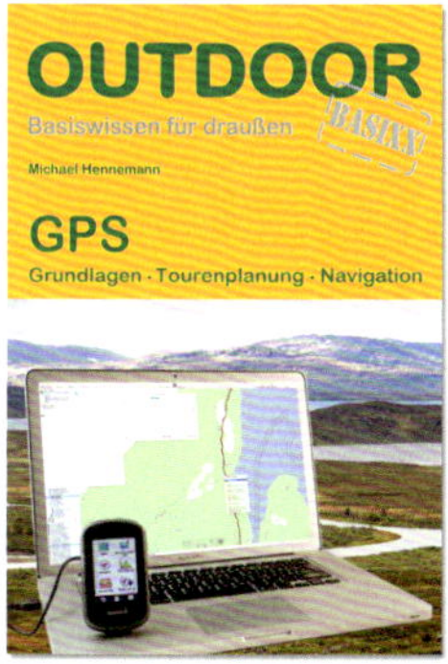

Michael Hennemann
OutdoorHandbuch Band 375
Basiswissen für draußen
160 Seiten ▸ 277 farbige Abbildungen

ISBN 978-3-86686-495-5

>> **Wienerland**: „*Ein topaktuelles Handbuch, das kompetent GPS-Anfänger wie Fortgeschrittene informiert.*“

Wandern mit Kind

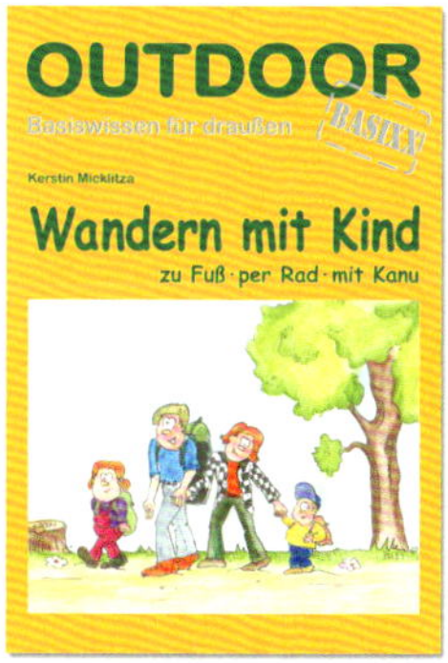

Kerstin Micklitza
OutdoorHandbuch Band 15
Basiswissen für draußen
91 Seiten ▸ 32 farbige Abbildungen
13 farbige Illustrationen

ISBN 978-3-86686-015-5

>> **Outdoor**: „*Draußen sein, toben, spielen, aber auch wandern - ein Kindertraum. Wie man ihn am besten verwirklicht, erklärt kurz und prägnant die Autorin Kerstin Micklitza.*“

Luxemburg/Belgien: Lee Trail und Eislek Trail

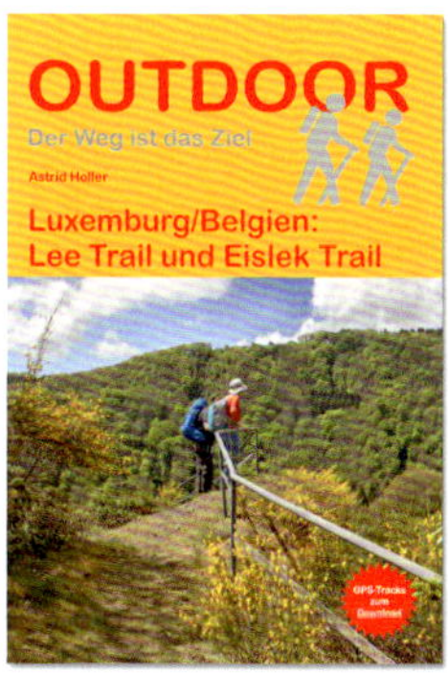

Astrid Holler
OutdoorHandbuch Band 417
Der Weg ist das Ziel
160 Seiten ▸ 50 farbige Illustrationen
11 farbige Karten und 11 farbige Höhenprofile

ISBN 978-3-86686-569-3

>> *Der Wanderführer beschreibt die beiden Wege in acht Tagesetappen von Ettelbrück bis nach La Roche-en-Ardenne (ca. 160 km).*